Évolution des politiques et des marchés agricoles

IMPLICATIONS POUR LES RÉFORMES DU SYSTÈME COMMERCIAL MULTILATÉRAL

Merci de citer cet ouvrage comme suit :
OCDE (2016), *Évolution des politiques et des marchés agricoles : Implications pour les réformes du système commercial multilatéral*, Éditions OCDE, Paris.
http://dx.doi.org/10.1787/9789264267169-fr

ISBN 978-92-64-26715-2 (imprimé)
ISBN 978-92-64-26716-9 (PDF)

Crédits photo : Couverture © 4X-image

Les corrigenda des publications de l'OCDE sont disponibles sur : *www.oecd.org/about/publishing/corrigenda.htm*.

Avant-propos

Depuis le lancement du dernier cycle de négociation sur l'agriculture en 2001, un certain nombre d'évolutions significatives vis à vis des marchés et des politiques agricoles ont pu être observées à travers le monde. Des changements sont apparus en ce qui concerne notamment l'importance relative des centres de production et l'évolution des prix pour de nombreux produits agricoles. Les échanges commerciaux ont également été modifiés. Dans le même temps, les gouvernements ont exercé une large gamme de politiques agricoles. Le niveau et la nature des soutiens à l'agriculture mis en œuvre par les différents pays ont changé. Les niveaux d'accès aux marchés ont aussi évolué. Ces nouvelles configurations laissent suggérer que l'impact des politiques commerciales agricoles sur les marchés, les économies, et les ménages a également changé, modifiant dans le même temps les gains associés à un niveau de distorsion inférieur des marchés agricoles.

Ce livre analyse différents changements qui sont apparues au sein des marchés et des politiques agricoles depuis le début des années 2000. Il évalue l'impact des politiques actuelles à la lumière de ces évolutions et effectue une actualisation des bénéficies potentiels qui pourraient survenir dans l'hypothèse où des réformes plus poussées des marchés agricoles sont réalisées. À travers ce travail, ce livre vise à informer et appuyer les décideurs politiques et les négociateurs dans leurs efforts pour faire progresser les négociations commerciales multilatérales.

Ce livre, ainsi que les travaux de recherche qu'il contient, ont été réalisés par Jared Greenville, Dorothee Flaig et Hubertus Gay au sein de la Direction sur l'Agriculture et les Échanges de l'OCDE. Pour la préparation de ce rapport, les auteurs ont également bénéficié des commentaires reçus de la part de Ken Ash, Carmel Cahill, Raphaël Beaujeu, Dalila Cervantes-Godoy, Emily Gray, Przemyslaw Kowalski, Andrzej Kwiecinski, James Messent, Frank Van Tongeren, et Trudy Witbreuk au sein du Secrétariat de l'OCDE. Le travail éditorial et administratif a été réalisé par Anita Lari, Michèle Patterson et Janine Treves. Le rapport a également bénéficié des commentaires formulés par les délégations dans le cadre du Groupe de Travail Joint sur l'Agriculture et le Commerce de l'OCDE.

Ce document a été déclassifié par le Groupe de travail mixte sur l'agriculture et les échanges en mai 2016.

Table des matières

Tableaux

Graphiques

Encadrés

Résumé

Depuis le démarrage du dernier cycle de négociations de l'OMC, en 2001, les marchés agricoles mondiaux ont beaucoup évolué. La production, les prix et les flux commerciaux ont été modifiés, et, dans le même temps, les pays ont profondément remanié leur politique en matière de commerce agricole et de soutien interne. La présente étude porte sur les évolutions que connaissent depuis 2000 les marchés agricoles mondiaux et l'action publique (en l'occurrence les mesures de soutien interne et la politique commerciale) dans les grandes régions productrices. Les marchés agricoles internationaux continuent d'être confrontés à des distorsions significatives générées par l'intervention des gouvernements dans le secteur. Tandis que certaines de ces mesures visent à corriger certaines défaillances de marchés, d'autres ne poursuivent pas cet objectif et ont des effets distorsifs sur les revenues et le bien être, réduisant ainsi les bénéfices potentiels générés par le secteur, l'efficacité de la production alimentaire mondiale, et les bénéfices tirés du commerce de produits agricoles (vu comme un moyen de réallocation des ressources entre zones excédentaires et déficitaires à moindre coût pour les consommateurs).

Les effets de cette action sur la production mondiale, les échanges et le bien-être (représenté par la consommation des ménages) y sont évalués parallèlement à ceux de différents scénarios possibles de réforme du système commercial multilatéral. Cette étude met à jour des travaux antérieurs en analysant les répercussions des politiques actuelles et des réformes à la lumière des changements survenus depuis 2000 sur les marchés et dans l'action publique. Les évaluations ont été réalisées à l'aide du modèle d'équilibre général calculable METRO de l'OCDE et du modèle AGLINK-COSIMO utilisé pour établir les perspectives agricoles. Les obstacles non tarifaires et internes aux échanges, qui peuvent aussi influencer les flux commerciaux et donc la production et les prix, ne sont pas modélisés. Ces thèmes de recherche restent à étudier.

Les résultats de cette étude montrent que les politiques agricoles menées actuellement dans les pays concernés ont des effets significatifs et négatifs sur les échanges agroalimentaires. Globalement, ces échanges seraient plus importants, tous produits confondus, si les mesures en vigueur étaient supprimées. Ces dernières limitent les échanges aussi bien de produits intermédiaires que de biens de consommation finale, ce qui semble indiquer qu'elles freinent le développement des chaînes de Valeur Mondiales dans le secteur agroalimentaire qui ont la capacité d'accroitre les revenus agricoles et la productivité du secteur.

L'un des enseignements importants de cette étude est que les nombreuses mesures commerciales et dispositions de soutien interne conçues pour accroître la production alimentaire ne parviennent pas à ce résultat si l'on se place à l'échelle mondiale. Si elles n'existaient pas, le niveau de la production agricole mondiale serait pratiquement le même. Lorsque l'on considère également la production de produits alimentaires, les politiques actuelles semblent même avoir dans l'ensemble un effet préjudiciable. Elles modifient à la fois l'éventail des produits obtenus et la localisation des activités de production. Elles favorisent des aliments de base comme le riz et le blé au détriment d'autres produits et sont notamment dommageables à la production et aux échanges de viande et de produits laitiers. Or, ces derniers produits sont aussi ceux dont la demande (par habitant) devrait connaître la plus forte augmentation à l'avenir, ce qui implique que le coût des politiques commerciales et de soutien interne devrait augmenter si celles-ci restent inchangées.

Dans le cas des produits agricoles, les politiques menées actuellement dépriment probablement les prix internationaux, mais cet effet est relativement modeste. S'agissant de certains produits (comme le blé et les graines oléagineuses), les prix pourraient même chuter si elles étaient supprimées.

Il est également important de noter que les politiques actuelles affectent négativement le bien être au niveau mondial (représenté par la consommation des ménages). Selon la présente étude, cet effet est plus uniforme d'un pays ou d'une région à l'autre que ne le donnent à penser les travaux antérieurs. Ces résultats s'expliquent à la fois par l'évolution de l'action publique et par celle des marchés depuis 2000. En particulier, les régions développées ont réduit leur soutien et modifié sa nature, l'Union européenne ne dispense plus de subventions à l'exportation et les échanges entre pays en développement se sont nettement intensifiés.

Les effets des politiques actuelles de soutien pourraient avoir un certain nombre de répercussions sur la négociation d'un accord multilatéral sur le commerce agricole et la réforme des mesures de soutien interne. Premièrement, les résultats semblent indiquer qu'il existe encore des avantages à retirer d'une réduction des droits de douane et de politiques domestiques moins distortives, toutes régions confondues. Deuxièmement, les conséquences des politiques actuelles sont particulièrement significatives dans les secteurs où l'on anticipe une forte augmentation de la demande et des échanges, comme ceux des produits laitiers et de la viande, ce qui donne à penser que les coûts de production devraient s'élever au fil du temps. Troisièmement, sans tenir compte des différences entre pays, à l'échelle *mondiale*, les politiques menées ne stimulent pas la production et pourrait même la limiter si l'on considère à la fois la production agricole et la production alimentaire. Quatrièmement, dans certaines régions, les résultats font ressortir que d'éventuelles tendances protectionnistes et de réduction du niveau d'intégration des marchés régionaux et mondiaux seraient également contreproductives. Il découle de l'interdépendance de plus en plus forte entre économies que cette approche impose des coûts aux marchés intérieurs des pays qui l'appliquent et à ceux de leurs partenaires commerciaux, pays en développement compris. Compte tenu de l'intensification des échanges Sud-Sud, une proportion croissante des effets des politiques agroalimentaires sur les pays en développement est imputable à ces pays eux-mêmes. Cinquièmement, comme les effets des mesures en vigueur sur les prix mondiaux sont relativement modestes, on peut supposer que la réforme du système commercial aurait assez peu de répercussions sur certaines populations pauvres du monde. Cela étant dit, en l'absence des politiques actuelles, les prix augmenteraient sans doute et, par conséquent, la sécurité alimentaire et le bien-être en général de ces populations devraient globalement rester une priorité de l'action publique. Toutefois, étant donné les avantages potentiels de la réforme, il semble que se protéger au moyen de droits de douane et de quotas ne soit pas la bonne réponse aux problèmes d'insécurité alimentaire. En revanche, les actions qui favorisent la productivité et la flexibilité des systèmes de production, qui permettent aux producteurs (en particulier les petits) de s'engager sur les marchés et, qui assurent un filet de sécurité social aux ménages vulnérables, constituent des alternatives plus efficaces.

Supprimer les droits de douane sur tous les produits agroalimentaires et la totalité des soutiens internes dans le secteur agricole serait ambitieux et nécessiterait sans doute un processus graduel et itératif à l'OMC. Il n'en demeure pas moins essentiel d'apporter des informations sur les effets actuels de l'action publique pour alimenter le débat sur la politique commerciale et contribuer à démontrer que de nouvelles initiatives méritent d'être prises. Pour mettre en évidence les remaniements de politiques commerciales envisageables, cette étude s'est aussi intéressée à des scénarios de réforme plus réalistes. Ils prennent deux formes : premièrement, une représentation stylisée d'un accord autorisant un certain degré (variable) de libéralisation, sur la base d'un niveau d'engagement modeste de la part de tous les pays ; deuxièmement, le maintien du *statu quo*, en considérant néanmoins une potentielle « dérive de l'action publique ».

Les résultats de ces scénarios indiquent que faire aboutir les négociations multilatérales pourrait encore procurer des avantages. Globalement, un scénario de réforme modeste semble n'offrir que des bénéfices totaux limités à l'échelle mondiale et dans les pays concernés. Toutefois, dans le cas des pays en développement, les bénéfices sont davantage tributaires des actions menées par les autres pays en développement que de celles des pays développés. Ainsi, les effets sur un pays en développement de sa propre libéralisation et des actions des autres pays en développement sont plus importants que ceux consécutifs aux réformes des pays développés. Il ressort notamment de ces résultats que le développement de chaînes de valeur mondiales dans ces pays pourrait être gravement entravé par les politiques actuelles. Bien que des réformes modestes n'améliorent que modérément le bien-être, la simulation de possibles dérives de l'action publique, à partir de tendances déjà observées, montre que l'inaction pourrait en revanche entraîner des pertes. Ainsi, il pourrait être plus intéressant de « verrouiller » la panoplie de mesures actuellement en vigueur plutôt que de tenter de parvenir à un accord sur une réduction limitée de la protection. Cela ne signifie pas qu'il ne faut pas réformer les dispositifs de protection de l'agriculture, mais qu'au lieu d'attendre encore, il est utile de verrouiller les pratiques existantes au moyen d'un accord contraignant. L'accord conclu en 2015 à Nairobi dans le cadre de l'OMC va dans ce sens, mais il reste du chemin à parcourir.

Les résultats des scénarios prévoyant une dérive de l'action publique montrent aussi que les pays les plus désavantagés par un renforcement de la protection sont ceux qui le mettent en œuvre. Dans l'un des pays, la modélisation d'une intensification de la protection, correspondant à la pratique actuelle, conduit à une diminution de la production agricole totale dans ce même pays. L'action publique doit en tenir compte lorsqu'elle vise à accroître l'autosuffisance pour assurer la sécurité alimentaire. Des dispositions sont en effet prises dans le but d'améliorer l'autosuffisance et, en définitive, la sécurité alimentaire. Pourtant, comme l'indiquent les résultats, la production agricole totale chute et les revenus font de même. Ces effets vont à l'encontre de la sécurité alimentaire des ménages, notamment dans les zones rurales.

Chapitre 1

Les politiques agricoles actuelles: un aperçu global de leurs impacts et des réformes envisageables

Ce chapitre présente un aperçu des principales conclusions de l'étude. Il résume d'abord les grandes évolutions des politiques et des marchés agricoles depuis 2000. Il fournit ensuite un aperçu des résultats de l'évaluation des conséquences que les dispositions commerciales et les mesures de soutien interne à l'agriculture en vigueur ont sur les marchés et les pays, puis précise ce qu'ils impliquent pour les initiatives futures de réforme multilatérale. Enfin, il analyse les retombées de différents scénarios de réforme ainsi que les évolutions de l'action publique qui se traduit par un renforcement du protectionnisme agricole dans certaines régions, dans les pays développés et en développement.

1.1 Introduction

Depuis le démarrage du dernier cycle de négociations de l'OMC, en 2001, les marchés agricoles mondiaux ont beaucoup changé. La production, les prix et les flux commerciaux ont subi des transformations et, dans le même temps, les pays ont profondément remanié leur politique en matière de commerce agricole et de soutien interne. La présente étude porte sur les évolutions que connaissent depuis 2000 les marchés agricoles mondiaux et l'action publique (en l'occurrence les mesures de soutien interne et la politique commerciale) dans les grandes régions productrices. Les effets de cette action sur la production mondiale, les échanges et le bien-être (représenté par la consommation des ménages) y sont évalués parallèlement à ceux de différents scénarios possibles de réforme du système commercial multilatéral. Les évaluations sont le résultat de l'application du modèle d'équilibre général calculable de l'OCDE, METRO, et du modèle de projection AGLINK-COSIMO. Les obstacles non tarifaires et internes aux échanges, qui peuvent aussi influencer les flux commerciaux et donc la production et les prix, ne sont pas modélisés. Ces thèmes de recherche restent à étudier.

Depuis l'ouverture du cycle de Doha, de nombreuses études ont déjà fourni une analyse des bénéfices possibles de la libéralisation du secteur agriculture. En général, ces études reposent sur des modèles dont l'année de référence des calculs d'impact est 1997, 2001 ou 2004. La présente étude permet d'actualiser ces travaux à travers une analyse des conséquences de la réforme et des politiques actuelles, eu égard à l'évolution des marchés et des politiques depuis 2000. En outre, elle élargit l'analyse à l'aide du modèle METRO de l'OCDE, qui permet un examen plus détaillé des flux commerciaux et décrit mieux les relations d'interdépendance de plus en plus étroites imputables à la multiplication des chaînes de valeur mondiales (CVM).

1.2 Les marchés et les politiques ont fortement évolué depuis 2000

Depuis 2000, la production agricole mondiale a continué d'augmenter et l'importance relative des différentes régions agricoles s'est déplacée. Plusieurs régions en développement ont connu une hausse de la production, en particulier en Asie et en Amérique du Sud. Dans les régions agricoles du monde développé, en revanche, la croissance est restée plus modérée, voire neutre, en particulier lorsque l'on considère la production par habitant.

Depuis 2000, les échanges de produits agroalimentaires ont augmenté plus vite qu'au cours des dix années précédentes (graphique 1.1). La concentration des échanges de l'ensemble des produits agroalimentaires a diminué, la part des 20 premiers importateurs et exportateurs ayant reculé d'environ cinq points de pourcentage entre 2000 et 2013. Du point de vue des flux commerciaux, la montée en puissance de nouveaux centres de production s'est traduite par une intensification des échanges entre pays en développement (échanges dits « Sud-Sud »).

De même, les prix ont beaucoup évolué. La tendance au recul des prix sur le long terme a cessé au début des années 2000 et a laissé place à une série de variations brutales, particulièrement manifeste en 2007-08. Ces mouvements sont le résultat de la convergence de changements structurels de l'offre et de la demande sur le long terme qui se sont renforcés les uns les autres, de bouleversements des marchés à court terme et, surtout, de l'action des pouvoirs publics. Depuis lors, les prix sont généralement restés supérieurs, mais une baisse progressive est attendue à moyen terme en termes réels, consécutivement à une amélioration durable de la productivité mondiale. Par ailleurs, alors que les pics de prix des années 2000 ont également accentué leur volatilité sur les marchés mondiaux, celle-ci s'est durablement atténuée après 2010 pour la plupart des produits. Il y a bien sûr quelques exceptions, comme le maïs, qui a suivi la tendance inverse.

Du point de vue de l'action des pouvoirs publics, les politiques de soutien à l'agriculture ont changé dans de nombreux pays. Les mesures de soutien interne sont plus découplées de la production et commencent à cibler l'impact sur l'environnement. Le niveau du soutien diminue également dans certains pays, mais il progresse dans d'autres. Dans l'ensemble, le niveau et le type de soutien tendent à converger entre les pays émergents et les pays développés. Qui plus est, dans de nombreux pays, l'interventions publique se traduit par des mesures de soutien du prix des intrants ou des quantités produites ayant des effets distorsifs sur le niveau de production,, au lieu de passer par des paiements découplés ou des investissements permettant la création d'un environnement favorable au développement de l'activité agricole.

Graphique 1.1. Principaux changements des marchés agroalimentaires depuis vingt ans

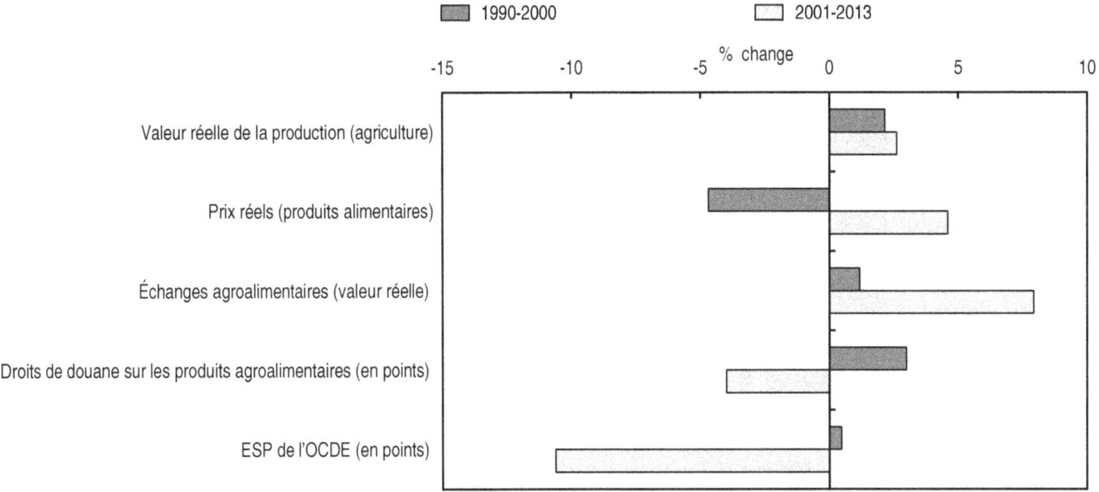

Source : Estimations de l'OCDE basées sur les données de FAOSTAT (http://faostat3.fao.org/home/F), OCDE.Stat (http://stats.oecd.org/) et WITS (http://wits.worldbank.org/).

Les droits de douane sur les produits agroalimentaires ont baissé dans le monde, mais ils restent globalement élevés. Ils constituent un pilier de la politique agricole de nombreux pays et il existe parfois des foyers où les droits de douane sont très élevés. À l'inverse, les subventions à l'exportation sont devenues moins courantes, mais de nouvelles formes d'intervention sur les marchés d'exportation se propagent, comme les restrictions à l'exportation.

1.3 Les mesures actuelles continuent de fausser sensiblement les marchés

L'évaluation des effets des politiques mises en œuvre durant la période 2011-2014 dans le cadre de ce nouveau contexte politique et de marché montrent que le soutien et les obstacles aux échanges de produits agricoles faussent toujours notablement les marchés mondiaux (graphiques 1.2 et 1.3). Qui plus est, la mise en œuvre de nouvelles réformes apporterait de nombreux bénéfices. Quatre scénarios ont été analysés dans cette étude : *en l'absence des politiques actuelles*, qui représente la suppression de toutes les formes de dispositions commerciales et mesures de soutien interne ; *avec une réforme partielle généralisée de l'action publique*, qui représente la suppression partielle des dispositions commerciales et mesures de soutien interne dans tous les pays ; *avec une réforme partielle inégale de l'action publique*, qui représente la suppression partielle des dispositions commerciales et mesures de soutien interne dans les pays développés et des changements très restreints dans les autres ; et *dérive de l'action publique*, qui représente une augmentation des droits de douane et du soutien interne chez certains grands producteurs de produits agricoles émergents alors que d'autres pays maintiennent leur politique actuelle.

L'ensemble des politiques agricoles actuelles a des conséquences négatives notables sur les échanges agroalimentaires. Globalement, ces échanges seraient plus importants, tous produits confondus, en l'absence des mesures de soutien existantes. En particulier, elles limitent les échanges de produits agricoles intermédiaires. Les droits de douane appliqués aux produits transformés étant en général plus élevés, les échanges de produits alimentaires de consommation finale sont également touchés. Ces deux effets semblent indiquer que les politiques actuelles entravent le développement de chaînes de valeur mondiales dans le secteur agroalimentaire.

L'action publique modifie également la production mondiale totale et sa répartition géographique. L'un des enseignements importants de cette étude est que les nombreuses mesures commerciales et dispositions de soutien interne conçues pour accroître la production alimentaire ne parviennent pas à ce résultat si l'on se place à l'échelle mondiale. Si elles n'existaient pas, le niveau de la production mondiale serait pratiquement le même. Le soutien fourni à l'agriculture dans certains pays n'améliore pas la production mondiale, mais la déplace d'un point du globe vers un autre. Par ailleurs, si l'on prend aussi en compte plus généralement la production alimentaire, les politiques actuelles ont probablement dans l'ensemble un effet préjudiciable (par le biais des mêmes phénomènes que ceux observés pour les produits agricoles). Ces conclusions sont cruciales pour les débats internationaux sur la réforme des politiques agricoles, car certains arguments en faveur des mesures commerciales et dispositions de soutien interne reposent sur l'illusion selon laquelle de telles interventions peuvent accroître les disponibilités alimentaires *dans le monde* et contribuer de la sorte à la sécurité alimentaire *mondiale*.

En réalité, ces mesures ne font que modifier l'éventail des produits obtenus et la localisation des activités de production. L'action publique favorise certains aliments de base comme le riz et le blé au détriment d'autres activités de production. En particulier, les dispositions actuelles nuisent à la production et au commerce de produits carnés et laitiers. Or, ces produits sont aussi ceux dont la demande devrait connaître la plus forte augmentation à l'avenir. Si la tendance à la hausse de la demande de ces produits se poursuit (du fait de la croissance continue des revenus), le coût du protectionnisme devrait également augmenter au fil du temps.

Graphique 1.2. Conséquences de l'action publique, ses réformes et sa dérive sur les échanges agroalimentaires

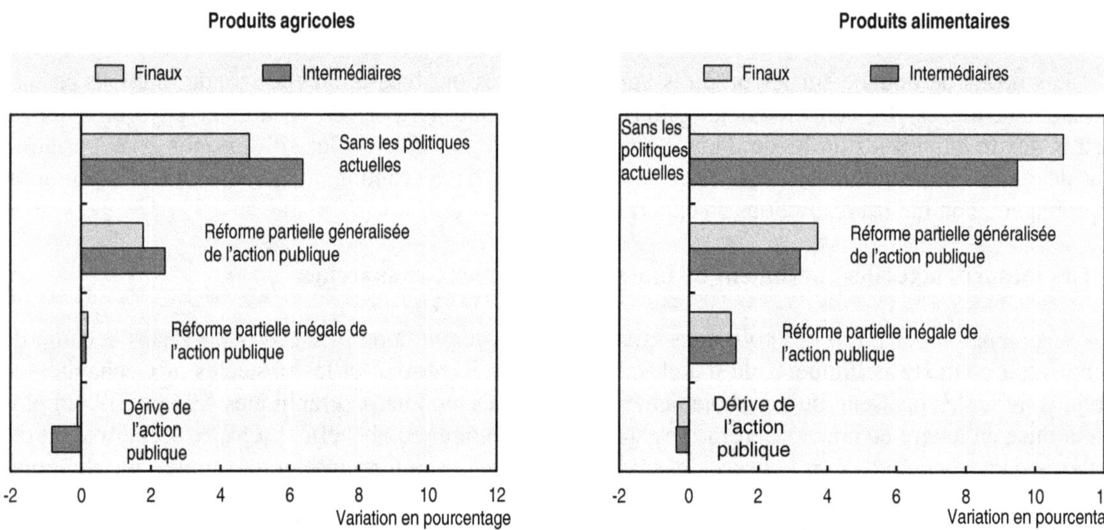

Note : quatre scénarios ont été analysés dans cette étude : *sans les politiques actuelles*, qui représente la suppression de toutes les dispositions commerciales et mesures de soutien interne favorisant l'agriculture ; *réforme partielle généralisée de l'action publique*, qui représente la suppression partielle des dispositions commerciales et mesures de soutien interne dans tous les pays ; *réforme partielle inégale de l'action publique*, qui représente la suppression partielle des dispositions commerciales et mesures de soutien interne dans les pays développés et des changements très restreints dans les autres ; et *dérive de l'action publique*, qui représente une augmentation des droits de douane et du soutien interne chez certains grands producteurs de produits agricoles émergents alors que d'autres pays maintiennent leur politique actuelle.

Source : estimations de METRO.

Pour les produits agricoles, les politiques actuelles font peut-être baisser les cours internationaux, mais leurs conséquences sont somme toute relativement faibles. Pour certains produits (tels que le blé et les oléagineux), les prix pourraient même chuter si l'ensemble des mesures en vigueur était supprimé.

Il est probable que les politiques menées actuellement aient des incidences négatives sur le bien-être mondial (représenté par la consommation des ménages). L'effet négatif sur le bien être se manifeste désormais de manière plus uniforme dans la plupart des pays et régions étudiés, ce que n'indiquaient pas les travaux antérieurs. Ces résultats s'expliquent à la fois par l'évolution de l'action publique et par celle des marchés depuis 2000. En particulier, les régions développées ont réduit leur soutien et modifié sa nature, l'Union européenne ne dispense plus de subventions à l'exportation (conformément au récent accord de l'OMC qui prévoit leur élimination définitive à l'échelle mondiale) et les échanges entre pays en développement se sont nettement intensifiés. Ces changements ont réduit certains des effets observés par le passé, à savoir qu'à la suite d'une réforme, des pays ont perdu les avantages que leur procuraient des prix alimentaires inférieurs ou ont connu une hausse de leurs coûts du fait de la suppression des préférences dont ils bénéficiaient (érosion des préférences). Parallèlement, les changements ont accru la vulnérabilité des pays en développement vis-à-vis des mesures en vigueur dans d'autres pays en développement.

Cette étude souligne également que dans plusieurs pays, les bénéfices que les ménages tirent des réformes des politiques agricoles, dépendent étroitement des mesures parallèles mises en œuvre par les gouvernements. Ce constat est particulièrement vrai pour les ménages dont une forte proportion des revenus provient d'activités agricoles. Dans certaines régions, notamment en Inde et en République populaire de Chine, pour que les ménages puissent bénéficier de ces réformes, il est nécessaire que les pouvoirs publics redistribuent les gains tirés des recettes fiscales ou des réductions des dépenses permises par ces réformes. Dans d'autres pays, les ménages tirent profit des réformes, mais les recettes publiques diminuent, par exemple dans les régions Moyen-Orient et Afrique du Nord ou Afrique subsaharienne. Il importe donc que les décideurs publics analysent également ces changements en termes d'économie politique.

1.4 Des efforts constants de réforme sont nécessaires

Il reste beaucoup d'avantages à tirer de la conclusion de négociations commerciales multilatérales et d'un accord sur une réforme partielle des marchés agricoles (graphiques 1.2 et 1.3). En général, les scénarios de réforme modérée – qu'ils soient d'application inégale et axés davantage sur les pays développés, ou généralisés à tous les pays – tendent à aboutir à des bénéfices totaux modérés dans le monde et dans les pays concernés. Pour l'ensemble des pays, les avantages d'une réforme proviennent de l'association de mesures propres et de celles de leurs partenaires commerciaux. Les pays où des mesures strictes de protection intérieure sont en vigueur tirent profit de la suppression des restrictions imposées à leur propre marché et, s'ils participent à des échanges commerciaux, de celles imposées par les autres. De ce fait, les modifications de la structure des échanges mondiaux de produits agroalimentaires ont une influence sur l'origine des avantages pour certains pays. Les bénéfices perçus par les pays en développement dépendent désormais davantage de leurs propres actions et de celles menées par les autres pays en développement que des mesures prises par les pays développés. Ainsi, les effets sur un pays en développement de sa propre libéralisation et des actions des autres pays en développement sont plus importants que ceux consécutifs aux réformes des pays développés. Les résultats donnent surtout à penser que les mesures actuelles nuisent particulièrement aux échanges de produits intermédiaires entre pays en développement et que, par conséquent, le développement de CVM dans ces pays pourrait pâtir sensiblement de l'absence de réforme.

La simulation d'une dérive possible de l'action publique, à partir de tendances déjà observées, montre que l'inaction peut entraîner des pertes. Ainsi, pour certains pays, il peut être plus intéressant de pérenniser la panoplie de mesures en vigueur que de tenter de parvenir à un accord sur une réduction limitée de la protection. Cela ne signifie pas qu'il ne soit pas nécessaire de réformer les dispositifs de protection de l'agriculture, mais qu'au lieu d'attendre encore pour tenter de négocier une réforme modeste, il est utile de stabiliser les pratiques commerciales et le niveau du soutien existant au moyen d'un accord contraignant. L'accord conclu à la conférence ministérielle de l'OMC de novembre 2015 va dans ce sens, mais il reste du chemin à parcourir.

Graphique 1.3. Conséquences de l'action publique, ses réformes et sa dérive sur l'économie mondiale

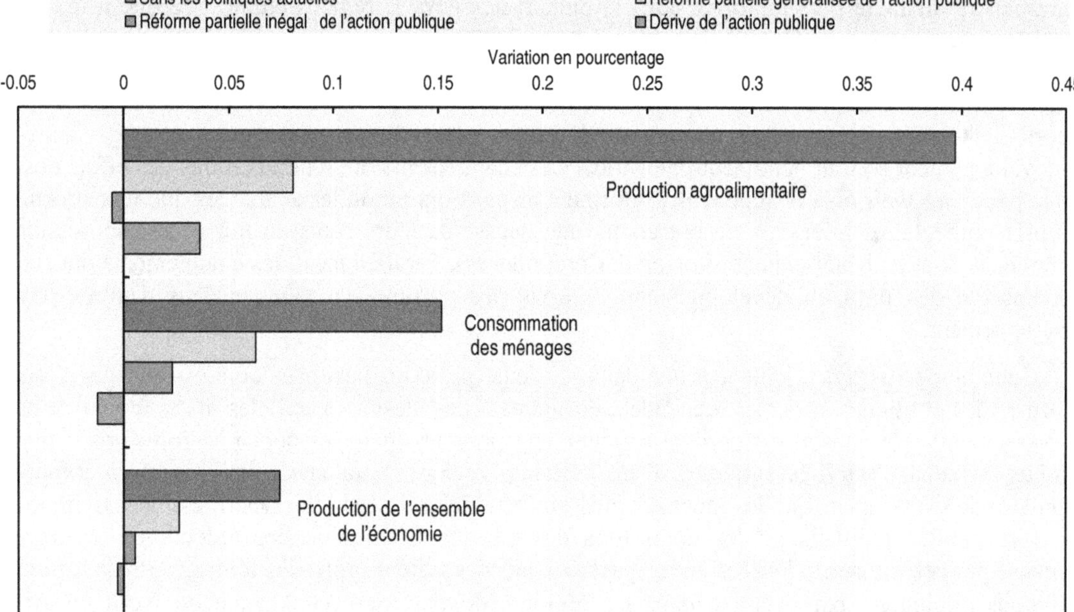

Source : estimations de METRO.

Un certain nombre d'éléments se dégagent de cette étude sur les effets des politiques actuelles de soutien et mériteraient d'être pris en compte dans la négociation d'un accord multilatéral sur le commerce agricole et la réforme des mesures de soutien interne.

- Premièrement, il semble qu'il y ait encore beaucoup d'avantages à tirer de nouvelles réformes multilatérales, toutes régions confondues.
- Deuxièmement, les conséquences des politiques actuelles sont particulièrement significatives dans les pays où l'on anticipe une forte augmentation de la demande et des échanges, ce qui donne à penser que les coûts du *statu quo* devraient s'élever au fil du temps.
- Troisièmement, à l'échelle mondiale, les politiques menées ne stimulent pas la production, et peuvent même la réduire si l'on tient compte à la fois de la production agricole et de la production alimentaire.
- Quatrièmement, dans certaines régions, il ressort des résultats que le renforcement de l'isolement ou les obstacles à l'intégration des marchés régionaux et mondiaux seront probablement contreproductifs. Il découle de l'interdépendance de plus en plus forte entre économies que cette approche impose des coûts aux marchés intérieurs des pays qui l'appliquent et à ceux de leurs partenaires commerciaux, pays en développement compris.
- Cinquièmement, comme les effets des mesures en vigueur sur les prix mondiaux sont relativement modestes, il est très probable que la réforme du système commercial aurait assez peu de répercussions sur certaines populations pauvres du monde. Cela étant dit, en l'absence des politiques actuelles, les prix devraient globalement augmenter et, par conséquent, la sécurité alimentaire de ces populations devrait rester une priorité de l'action publique mondiale. D'après l'analyse, il semble que se protéger au moyen de droits de douane et de quotas ne soit pas la

bonne réponse aux problèmes d'insécurité alimentaire : les actions qui favorisent la productivité et la flexibilité des systèmes de production, qui permettent aux producteurs (en particulier les petits) d'être présents sur les marchés et qui garantissent des filets de sécurité aux ménages vulnérables sont plus efficaces.

Les résultats des scénarios prévoyant une dérive de l'action publique montrent aussi que les pays les plus désavantagés par un renforcement de la protection sont ceux qui le mettent en œuvre. Dans certains pays, les résultats indiquent qu'une intensification de la protection équivalente à la pratique actuelle conduit à une diminution de la production agricole totale. Des dispositions sont en effet prises dans le but d'améliorer l'autosuffisance et, en définitive, la sécurité alimentaire. Pourtant, comme l'indiquent les résultats, la production agricole totale chute et les revenus font de même. Conjugués aux effets sur les prix intérieurs des interventions sur les marchés agricoles, ces effets sur les revenus vont à l'encontre de la sécurité alimentaire des ménages, en particulier ceux des zones rurales, qui perdent des sources de revenus et voient les prix alimentaires augmenter.

Les conséquences des obstacles non tarifaires et internes aux échanges n'ont pas été analysées. Ces obstacles vont des normes de quarantaine et de sécurité des produits à d'autres critères tels que l'étiquetage. Certaines font de plus en plus souvent l'objet d'accords commerciaux régionaux et bilatéraux. Ces obstacles et les réformes possibles dans le contexte des accords multilatéraux et régionaux ou bilatéraux restent à étudier. De même, les performances des politiques actuelles en matière de développement rural, de bien-être animal et d'environnement n'ont pas été examinées.

Références

FAO Stat. (2016), *FAOSTAT*, Division Statistics de l'Organisation pour l'Agriculture et l'Alimentation, Rome, http://faostat3.fao.org/home/E.

OCDE Stat (2016), *OECD Agriculture Statistics*, Organisation pour la Coopération et le Développement Économique, Paris, http://stats.oecd.org/BrandedView.aspx?oecd_bv_id=agr-data-en&doi=83ff9179-en.

WITS (2016), *World Integrated Trade Solution*, Banque Mondiale, Washington D.C., http://wits.worldbank.org/default.aspx.

Chapitre 2

Évolutions des marchés et des politiques agricoles

Le présent chapitre analyse en détail les évolutions des marchés et des politiques agricoles survenues depuis 2000. En premier lieu, il décompose les évolutions des marchés entre les variations de la production, des prix et des échanges. En second lieu, il apporte des précisions sur les modifications de la politique agricole de différents pays en ce qui concerne l'accès aux marchés, le soutien interne et la concurrence à l'exportation. Ses conclusions sont les suivantes.

2.1 Introduction

Depuis le lancement du dernier cycle de négociations de l'OMC, en 2001, les marchés agricoles mondiaux ont beaucoup changé. La production, les prix et les flux commerciaux ont subi des transformations et, parallèlement, les pays ont fortement modifié leur politique extérieure et intérieure dans le domaine agricole.

La présente étude fournit des informations mises à jour sur les bénéfices possibles d'une réforme, moyennant l'examen de l'état et des retombées des politiques agricoles en vigueur, quinze ans après le début du cycle de négociations en cours sur les règles du commerce international. Elle complète les travaux de recherche existants sur les conséquences des réformes des politiques agricoles et commerciales, en donnant :

- des informations sur les changements survenus sur les marchés agroalimentaires nationaux et mondiaux, notamment sur les modifications des dispositions commerciales et des mesures de soutien interne appliquées aux produits agroalimentaires, à partir de données mises à jour sur la production, les prix et l'activité économique dans le monde ;
- une estimation des retombées des politiques actuelles et de différents scénarios de réforme de l'action publique à l'aide du modèle METRO de l'OCDE (année de référence : 2011). Cette étude apporte une image plus nuancée des retombées sur les échanges en les analysants en fonction du marché concerné (consommation intermédiaire, ménages, secteur public et capitaux). Des simulations établies avec le modèle Aglink-Cosimo complètent cette analyse afin de donner un meilleur aperçu des conséquences de la réforme sur les prix des principaux produits agricoles de base.

Les retombées des politiques actuelles : ce qui est modélisé et ce qui ne l'est pas.

Le modèle économique d'équilibre général calculable (MEGC) employé dans la présente étude fait appel aux informations contenues dans la base de données du Global Trade Analysis Project (GTAP). Les estimations du soutien interne à l'agriculture établies par l'OCDE, issues de la publication *Politiques agricoles : suivi et évaluation*, sont spécifiquement introduites dans la base de données. Ces renseignements englobent les subventions à la production, les subventions sur les intrants (valeur ajoutée et consommation intermédiaire) et les paiements au titre du capital fixe comme la terre, calculés dans les estimations de soutien au producteur.

La base de données du GTAP contient aussi des données détaillées sur la protection commerciale, c'est-à-dire sur les subventions à l'exportation et sur les restrictions à l'importation. Dans cette base de données, les quotas, les contingents tarifaires et les droits spécifiques ont été convertis en équivalents tarifaires ad valorem. Les données sur les subventions à l'exportation sont issues des notifications des pays à l'OMC et du Fonds européen d'orientation et de garantie agricole.

Le MEGC mis en œuvre dans la présente étude s'appuie sur la base de données GTAP 9. Dans cette version, l'année de référence est 2011, 11 nouvelles régions sont ajoutées et 20 autres sont actualisées. La base de données contient également des informations mises à jour sur le soutien à l'agriculture, les flux commerciaux bilatéraux et les droits de douane bilatéraux (moyennes pondérées des taux appliqués) et comporte cinq catégories distinctes de compétences professionnelles[1].

De même, le modèle AGLINK-COSIMO de l'OCDE-FAO comprend des informations sur les barrières commerciales (droits de douane et subventions à l'exportation), et quelques renseignements sur les dispositifs de soutien interne, également issus des estimations de soutien aux producteurs de l'OCDE.

Aucun des deux modèles ne livre d'informations sur les autres mesures qui exercent une forte influence sur les échanges. En particulier, aucune donnée ne renseigne sur les obstacles non tarifaires et internes dans le domaine agricole, lesquels pourraient également avoir d'importantes conséquences sur les échanges. Ces obstacles vont des normes de quarantaine et de sécurité des produits à d'autres critères tels que l'étiquetage, en passant par les barrières commerciales créées par les différences entre les approches réglementaires (encadré 2.1). Les mesures liées à l'aide alimentaire et aux restrictions à l'exportation ponctuelles, au commerce d'État et aux effets des variations de la volatilité des prix ne sont pas non plus modélisés explicitement. En conséquence, les incidences de ces mesures et les avantages possibles de leur réforme n'entrent pas dans le cadre de l'analyse menée ici. Ces effets pourraient soit atténuer, soit accentuer les évolutions susceptibles de survenir à la suite de la suppression des mesures analysées, selon que l'obstacle modélisé est responsable de la limitation des échanges ou non et selon le degré auquel les obstacles non tarifaires et internes sont déjà représentés dans le niveau des flux commerciaux et dans l'élasticité de l'offre[2]. Bon nombre d'entre eux sont incorporés dans les caractéristiques de la base de données utilisée pour le modèle et, à ce titre, les résultats supposent que ces facteurs restent inchangés. Pour plusieurs de ces mesures, les réformes devraient donc produire des effets plus marqués que ce que prévoit la présente étude (voir, par exemple, Winchester, 2009).

Encadré 2.1. Autres influences notables sur les échanges de produits agroalimentaires

En général, les obstacles aux échanges de produits agroalimentaires entre deux régions causés par une intervention publique, différente de la fiscalité directe ou la limitation des quantités à l'importation, sont appelés obstacles non tarifaires et obstacles internes. Les pouvoirs publics emploient en la matière un large éventail de mesures. Les obstacles non tarifaires sont généralement des dispositions qui entravent le passage de produits et de services à la frontière, mais qui ne sont pas des taxes ou des contingents. Ils englobent par exemple les normes sanitaires et phytosanitaires (SPS) et les obstacles techniques au commerce (OTC). Bon nombre d'entre eux visent des objectifs environnementaux ou ont pour but de garantir que le système intérieur de production reste exempt de maladies et de parasites. En général, les obstacles internes résultent de caractéristiques de l'environnement réglementaire national qui engendrent des difficultés ou des coûts pour les fournisseurs étrangers. Ils comprennent des interventions internes visant à protéger les consommateurs, par des mesures liées, entre autres, à l'étiquetage, la manutention, l'innocuité et la traçabilité des aliments, ainsi que des conditions d'obtention de licence, notamment, imposées aux fournisseurs. Les obstacles internes peuvent découler simplement de différences entre les appareils réglementaires de deux pays.

Les distorsions des échanges provoquées par les mesures internes, les SPS et les OTC sont fonction de leur conception, des défaillances des marchés qu'ils visent, du degré de coordination entre les pays et, en particulier, de leur mise en œuvre et des moyens employés pour les faire respecter. Isoler ces effets est difficile et délicat, mais il a été souligné qu'au total, ces mesures avaient une influence sur les flux commerciaux (à juste titre ou non). Selon Disdier *et al.* (2008), par exemple, l'ensemble des SPS et des OTC les modifient négativement, et cette incidence est plus forte sur le commerce entre les pays membres de l'OCDE et les autres qu'entre les différents pays membres. Malgré tout, la comparaison des secteurs indique que les SPS et les OTC peuvent aussi encourager les échanges – ce qui montre qu'il est difficile de comprendre les distorsions que de telles mesures peuvent engendrer. Dans le même ordre d'idées, Winchester (2009) est d'avis que les réformes des régimes commerciaux qui se concentrent uniquement sur les droits de douane et les mesures aux frontières apporteront des bénéfices beaucoup plus modestes que celles qui prennent en compte les obstacles non tarifaires. Il estime ainsi que pour la Nouvelle-Zélande, la modification de différents accords bilatéraux applicables aux échanges de produits agroalimentaires améliorerait plus de quatre fois plus le bien-être si elle comprenait l'élimination des obstacles non tarifaires que si elle entraînait seulement la suppression des barrières tarifaires.

À l'issue d'une méta-analyse de différentes études économétriques consacrées à l'incidence des obstacles non tarifaires, Li et Beghin (2012) ont également constaté que les échanges agroalimentaires étaient très probablement influencés négativement par ces obstacles. Qui plus est, lorsque ces mesures sont imposées par un pays développé, leurs conséquences sont beaucoup plus importantes sur les produits en provenance des pays en développement que sur ceux fournis par les autres pays développés.

Même si les barrières non tarifaires ne sont pas étudiées ici, il est intéressant de remarquer qu'elles sont de plus en plus au centre des accords commerciaux bilatéraux et régionaux passés en marge du système multilatéral de l'OMC. À titre d'exemple, les négociations du Partenariat transpacifique (PTP), achevées récemment, et celles toujours en cours du Partenariat transatlantique de commerce et d'investissement (TTIP) portent entre autres sur ces points. Il serait sans doute instructif d'étudier les retombées de ces accords sur la production agricole nationale et les échanges de produits agricoles.

Les deux modèles mis en œuvre dans la présente étude ne sont pas liés explicitement et les scénarios sont donc envisagés séparément. Étant donné qu'ils ne s'appuient pas sur la même théorie et la même approche et qu'ils ne couvrent pas les mêmes pays (l'un est un modèle d'équilibre général alors que l'autre est un modèle d'équilibre partiel, notamment), il n'est pas anormal que les résultats présentent des incohérences. Dans ces cas-là, des explications sont fournies. Malgré ces différences, plusieurs similitudes existent aussi, en termes de théories économiques et de données de base employées dans les modèles. Par exemple, les données sur les flux commerciaux, les mesures aux frontières (droits de douane et contingents) et les dispositions de soutien interne proviennent toutes des mêmes sources, ce qui garantit un certain degré de cohérence.

Optique de cette étude

La présente étude porte sur les évolutions des marchés agroalimentaires mondiaux et de l'action publique dans les grandes régions agricoles depuis 2000. La section 2 traite des grandes évolutions des marchés internationaux (variations de la production, des prix et de la structure des échanges). La section 3 présente un panorama de l'évolution de l'action publique autour des trois grands piliers de l'Accord sur l'agriculture de l'OMC de 1994 – l'accès aux marchés, le soutien interne et la concurrence à l'exportation. Les mesures adoptées par les pouvoirs publics en réaction à la crise des prix alimentaires de 2007-08 sont également examinées. La section 4 décrit les scénarios de modélisation utilisés pour évaluer les retombées éventuelles des mesures actuelles, ainsi que les bénéfices possibles d'une plus grande libéralisation du commerce agricole. Les répercussions de ces scénarios sur l'économie mondiale, sur des pays donnés et sur les prix et les marchés agricoles font l'objet des sections 5, 6 et 7. Les conséquences du point de vue de l'action des pouvoirs publics sont ensuite énumérées à la section 8.

2.2. Évolutions sur les marchés de produits agricoles

Depuis 2000, le marché mondial d'un certain nombre de produits agricoles de base a subi différentes évolutions. Dans l'ensemble, la production a augmenté sur la planète mais à différents rythmes selon les régions, les prix ont varié en termes réels et la composition des échanges s'est modifiée à mesure que la concentration du commerce mondial de produits agroalimentaires a diminué.

Production

Le centre de gravité de la croissance de la production mondiale se déplace vers les économies émergentes

Les dix premières années du XXIe siècle se sont caractérisées par une croissance soutenue de la production agricole mondiale, qui a retrouvé des taux déjà observés par le passé (graphique 2.1, partie supérieure). Les taux de croissance annuels composés de la décennie ont dépassé ceux des années 1990 pour revenir aux taux de croissance de la décennie antérieure, autour de 2.5 % par an. Néanmoins, les taux de croissance par habitant de la production agricole des années 2000 sont particulièrement frappants, en ce qu'ils sont presque deux fois plus élevés que ceux observés au cours de la décennie précédente. En d'autres termes, la vitesse à laquelle la croissance de la production agricole a devancé la croissance démographique sur cette période a été plus rapide que sur les quarante années précédentes.

La croissance de la production n'a pas été la même dans toutes les régions agricoles de la planète (graphique 2.1, partie inférieure). Des différences importantes apparaissent en particulier entre les régions développées et les régions émergentes. En Amérique du Sud et en Asie du Sud-Est, les années 2000 ont donné lieu à une croissance ferme et soutenue de la production, confirmant la tendance des années 1990. De même, d'autres régions d'Asie (hormis Asie de l'Ouest) ont connu une forte croissance. Par habitant, la production agricole s'est également accélérée en Amérique du Sud et en Asie du Sud-Est au cours des années 2000 par rapport aux années 1990. En Afrique, la croissance globale de la production a été vive, mais la croissance par habitant est demeurée sensiblement inférieure à celle des autres régions en développement, en raison de taux de croissance démographique supérieurs. Les taux de croissance de la production sont restés très inférieurs en Amérique du Nord, où la croissance de la production par habitant a par ailleurs diminué, et en Europe, ce qui indique que ces régions pèsent désormais moins dans la croissance de la production agricole mondiale.

Graphique 2.1. Production agricole nette

Taux de croissance annuel composé de la période en quantités produites (%)

Taux de croissance sur la décennie, moyenne mondiale

Production nette | Production nette par habitant

3 | 2 | 1 | 0

1961-69 | 1970-79 | 1980-89 | 1990-99 | 2000-09 | .. | 2000-12

Croissance régionale 2000-12

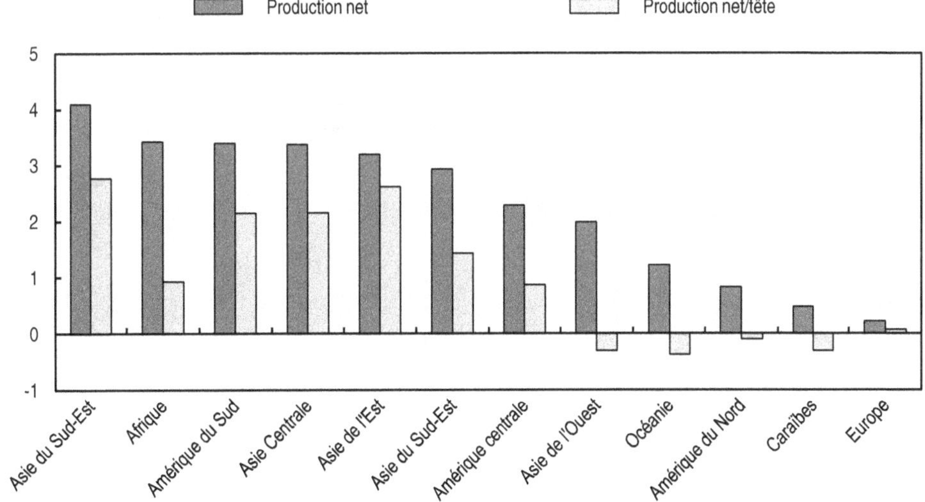

Notes : La production nette désigne la production totale moins la quantité de céréales utilisées comme aliments pour animaux. Les taux de croissance sont des taux de croissance annuels composés, qui correspondent au taux de croissance annuel (r) de la quantité produite (QP) requis pour que la production augmente de la quantité observée sur une période t à la quantité sur la période t+n : $1+r = \exp((\ln(QP_{t+n}) - \ln(QP_t))/n)$. Il est à noter que si QP sur la période t+n est anormalement faible, le taux de croissance annuel composé estimé sera également affecté d'une distorsion à la baisse. C'est le cas pour l'Amérique du Nord par rapport à la fin de l'année 2010, alors que l'Océanie présente le phénomène inverse. Quoi qu'il en soit, le choix de 2012 ou 2010 pour l'Amérique du Nord et l'Océanie ne change pas le fait que ces régions manifestent un taux de croissance inférieur à celui des autres, à l'exception des Caraïbes et de l'Europe, comme le montre le graphique ci-dessus.

Source : estimations de l'OCDE à partir des données de FAOSTAT (http://faostat3.fao.org/home/E).

Basculement en faveur de la production de protéines animales

Sur le long terme, les niveaux relatifs de la production de protéines animales ont évolué dans le monde et les régions. À l'échelle mondiale, le rapport entre la production de céréales et celle de viande (en valeur) baisse progressivement depuis les années 1960. Il a presque diminué de moitié sur cette période et, en 2013, la valeur totale de la production mondiale de céréales n'était supérieure que de 20 %

à celle de la production de viande (graphique 2.2). Depuis 2000, ce coefficient reste néanmoins assez stable.

À l'échelle régionale, les tendances et l'ampleur des conséquences varient. Les évolutions les plus marquantes ont eu lieu en Asie. Au cours des années 1970, la valeur de la production de céréales dans la région était près de sept fois supérieure à celle de la production de viande. Au milieu des années 1980, ce rapport était de 4, avant de descendre aux alentours de 2 au début des années 2000. Depuis lors, le ratio des valeurs de production a poursuivi son déclin, à un rythme toutefois plus lent. La valeur relative de la production de céréales a également reculé dans la région des Amériques et, dans un bien moindre mesure, en Afrique. À l'inverse, en Europe et en Océanie, l'évolution a suivi la tendance opposée : le rapport entre la production de céréales et de viande a augmenté progressivement (les données pour l'Océanie sont volatiles et fortement influencées par les sécheresses en Australie).

Graphique 2.2. Ratio de la production de céréales à la production de viande

Ratio de 1961 à 2013

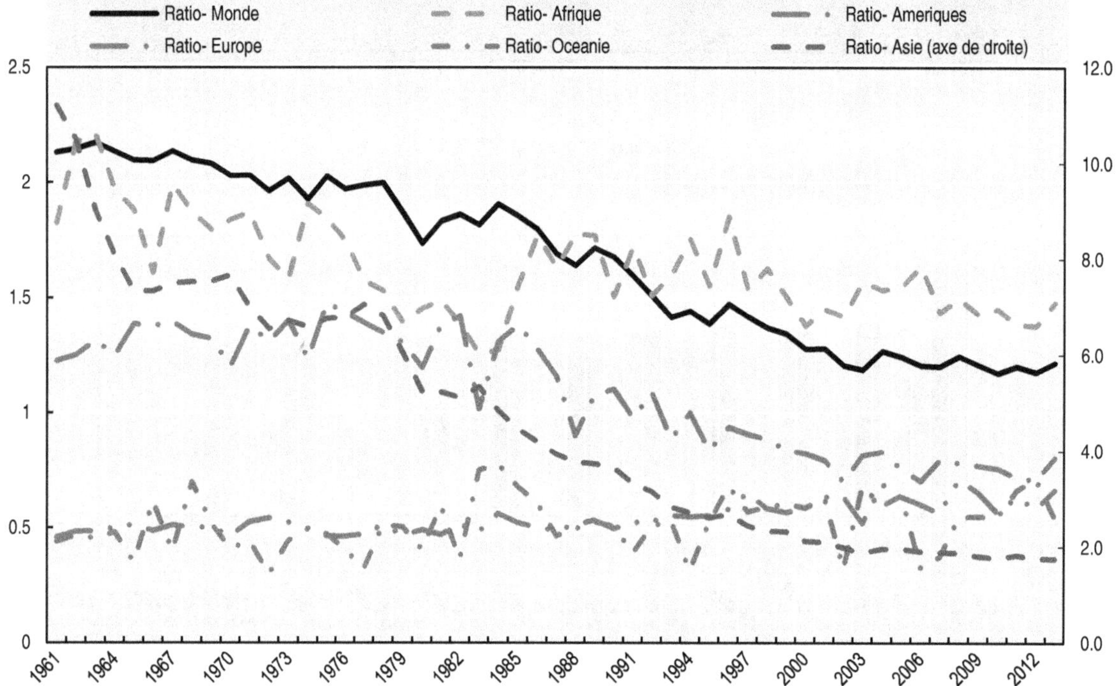

Notes : la production de viande englobe la production de viande bovine, ovine, porcine et de volaille. Le calcul porte sur les valeurs brutes de production en USD constants, 2004-2006 étant la période de référence.

Source : estimations de l'OCDE basées sur les données de FAOSTAT (http://faostat3.fao.org/home/F).

Prix

De 2000 à 2015, la tendance des prix à plus long terme a évolué. En particulier, la longue période de baisse structurelle des prix alimentaires est arrivée à son terme au milieu des années 2000, laissant place à des flambées répétées de 2007-08 à 2012 (graphique 2.3). Depuis lors, les prix alimentaires mondiaux ont diminué dans leur ensemble, mais restent supérieurs à leur niveau d'avant 2007. Ces reculs ont été particulièrement forts en 2015, bien que cela s'explique en partie par une hausse du cours du dollar (USD) sur la période.

Graphique 2.3. Prix alimentaires réels

Indice (réel) de 1957 à 2015

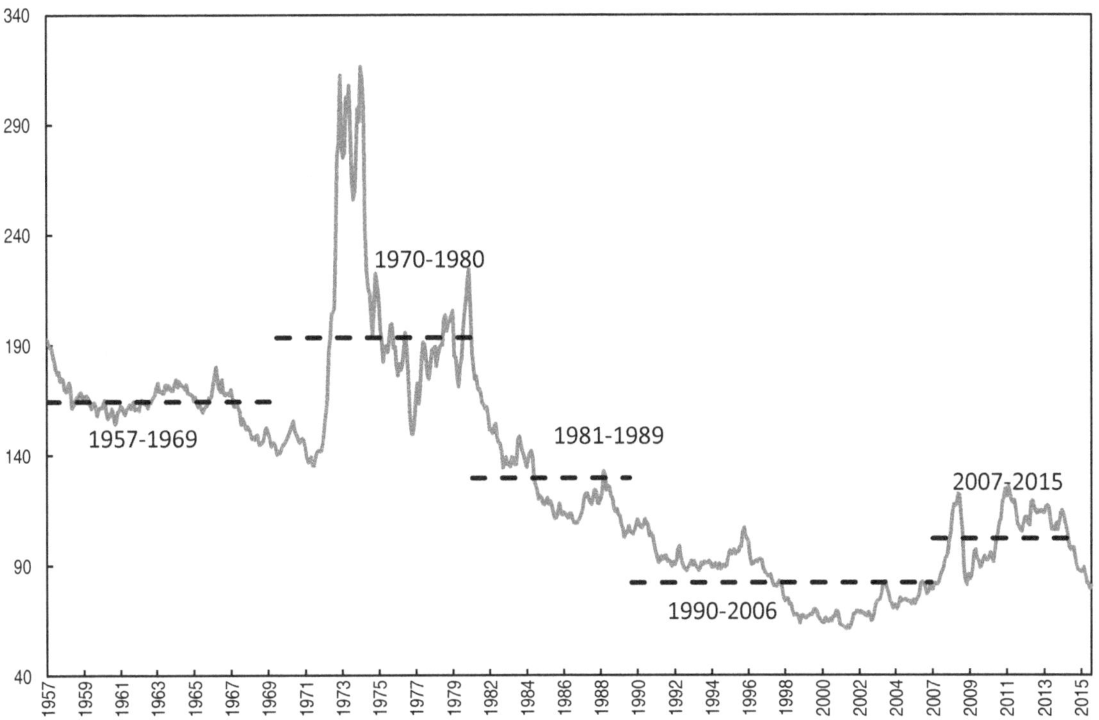

Notes : les prix alimentaires nominaux ont été corrigés du déflateur du PIB des États-Unis. Les prix réels ont été obtenus en appliquant le déflateur annuel moyen du PIB des États-Unis à chaque observation mensuelle. Les traits horizontaux représentent le niveau moyen des prix pour une période donnée.

Source : estimations de l'OCDE basées sur les données des SFI du FMI (http://data.imf.org/).

Les hausses des prix alimentaires observées en 2007-2008 ont été le résultat de la confluence d'évolutions structurelles à long terme se renforçant mutuellement, de chocs sur les marchés à court terme et, il convient de le noter, de mesures adoptées par les pouvoirs publics (OCDE, 2008a ; Piesse et Thirtle, 2009 ; Naylor et Falcon, 2010 ; Headey, 2011). Outre les évolutions structurelles à long terme des marchés agricoles mondiaux, notamment l'accroissement de la demande de produits agricoles utilisés pour l'alimentation humaine et animale, la baisse des ratios stocks/consommation et la hausse de la part de la production consacrée aux biocarburants, différents chocs à court terme ont frappé les marchés mondiaux, engendrant une tension inflationniste supplémentaire. La sécheresse dans les grandes régions céréalières, entre autres perturbations climatiques, l'instabilité des taux de change, ainsi que la constitution de réserves et les achats effectués par des acteurs privés sous l'emprise de la panique ont intensifié la hausse des prix déjà en cours. Qui plus est, l'intervention de certains gouvernements, qui ont non seulement imposé des restrictions commerciales et des mesures d'importation, mais aussi effectué des achats sous l'emprise de la panique, a contribué à l'envolée. Les mesures concernant les biocarburants (obligations de mélange et subventions, notamment) ont exercé une influence similaire. La hausse a été particulièrement nette dans les cas du blé, des céréales secondaires, du riz et des oléagineux – dont les prix réels ont connu une forte augmentation entre 2005 et 2010 (graphique 2.4).

Graphique 2.4. Prix réels des produits agricoles, 2000-15

Indice 2010=100 (réel) de certains produits agricoles de base

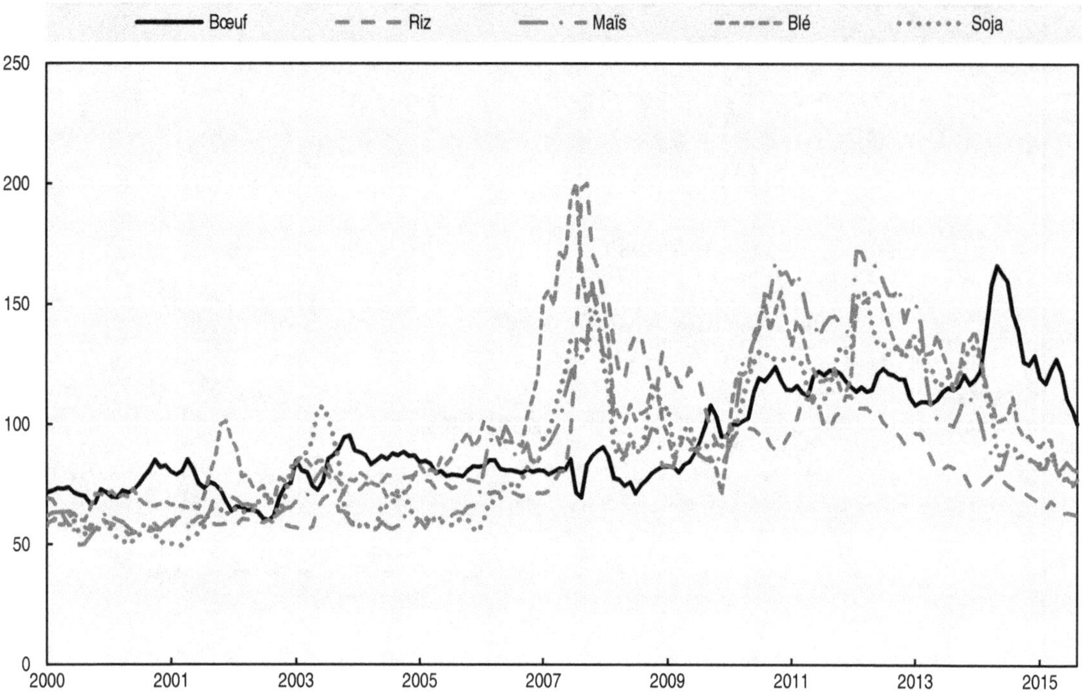

Notes : les prix alimentaires nominaux ont été corrigés du déflateur du PIB des États-Unis. Les prix réels ont été obtenus en appliquant le déflateur annuel moyen du PIB des États-Unis à chaque observation mensuelle.

Source : estimations de l'OCDE basées sur les données des SFI du FMI (http://data.imf.org/).

À moyen terme, les projections laissent prévoir un recul des prix réels de la plupart des produits agricoles (OCDE-FAO, 2015). Ce repli s'explique avant tout par une hausse continue de la productivité qui suit un rythme plus rapide que celle de la demande[3]. Il ne devrait certes pas être aussi important que par le passé, mais les prix des céréales (et du riz en particulier) diminueront vraisemblablement en termes réels. En revanche, les prix réels de la viande ne devraient régresser que légèrement sur la période étudiée. Les projections font néanmoins état de prix moyens plus élevés que ceux constatés entre 1990 et 2006.

Parallèlement à l'évolution des tendances des prix alimentaires mondiaux, la volatilité des prix sur les marchés internationaux a également augmenté pour certains produits. Selon les coefficients de variation, elle s'est amplifiée entre 2007 et 2015 pour le riz et le blé, par rapport à la période 1990-2006. Globalement, cependant, la volatilité des prix de tous les produits agricoles et alimentaires est restée largement inférieure à celle de la période 1970-1980.

Par décennie, la volatilité a cependant fléchi globalement ces dernières années (de 2010 à 2015) pour de nombreux produits végétaux et alimentaires (graphique 2.5), poursuivant la tendance observée par le passé sur les marchés internationaux. La volatilité des prix du maïs est quant à elle restée la même que par le passé sur la période 2010-15. Il convient toutefois de remarquer que la dernière période est incomplète et que la volatilité sur l'intégralité de la décennie pourrait être très différente.

Graphique 2.5. Volatilité des prix réels

Coefficient décennal de variation

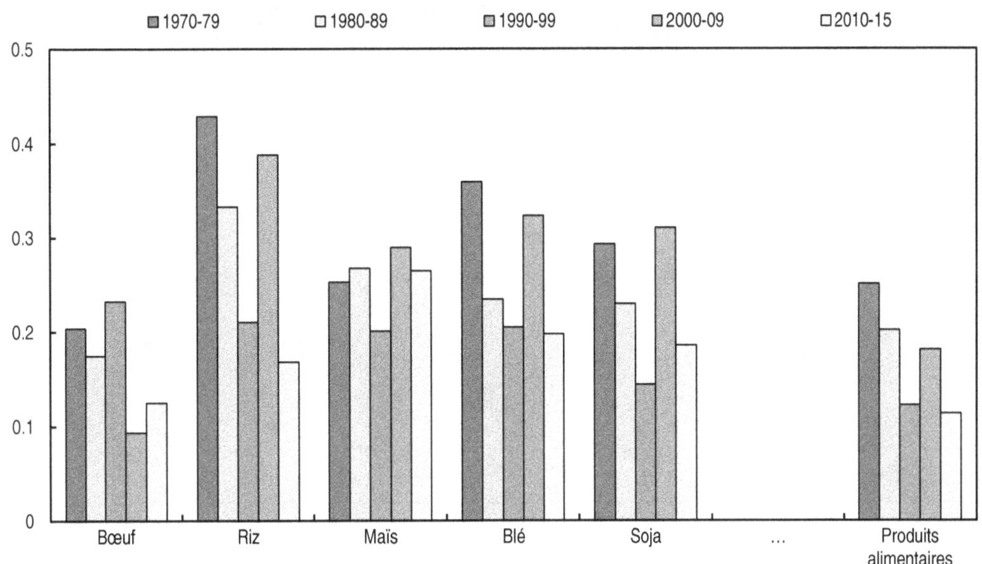

Notes : les prix alimentaires nominaux ont été corrigés du déflateur du PIB des États-Unis. Les prix réels ont été obtenus en appliquant le déflateur annuel moyen du PIB des États-Unis à chaque observation mensuelle. Le coefficient de variation est le ratio de l'écart-type par rapport à la moyenne.

Source : estimations de l'OCDE basées sur les données des SFI du FMI (http://data.imf.org/).

Échanges

Émergence de nouveaux exportateurs et importateurs de produits agricoles

Sur le long terme, la valeur réelle des produits agroalimentaires échangés sur les marchés internationaux a fortement progressé. Depuis le milieu des années 1990, la croissance du commerce agroalimentaire se situe autour de 5 % par an en moyenne[4]. Depuis le début du nouveau cycle de négociations de l'OMC, les taux de croissance des échanges de produits agroalimentaires sont singulièrement plus élevés qu'entre 1994 et 2000 (graphique 2.6).

L'une des évolutions notables survenues sur les marchés agricoles mondiaux depuis 2000 est la montée en puissance des pays en développement, en particulier des économies émergentes : Afrique du Sud, Brésil, Fédération de Russie, Inde, Indonésie et République populaire de Chine (ci-après « Chine »). De 2000 à 2013, la part des économies émergentes est passée de 9.9 % à 17.4 % dans les exportations agricoles mondiales et de 6.5 % à 15.6 % dans les importations agricoles mondiales. La majeure partie de l'élargissement de la part de chacun de ces pays dans les exportations mondiales de produits agricoles provient de l'intensification des échanges avec les autres pays émergents. Le Brésil, par exemple, a destiné en 2013 environ 24 % du total de ses exportations agricoles à la Chine. Les Perspectives agricoles de l'OCDE et de la FAO (2015) laissent prévoir un maintien de ces tendances les dix prochaines années. À l'échelon régional, les Amériques renforceront leur position de région exportatrice dominante, en valeur et en volume, alors que l'Asie et l'Afrique augmenteront leurs importations nettes afin de répondre à la croissance de la demande.

L'évolution de la configuration des échanges mondiaux apparaît également dans les modifications survenues entre 2000 et 2013 dans le classement des 20 premiers importateurs et exportateurs de produits alimentaires (tableaux 2.1 et 2.2). Bien que la part globale des échanges détenue par les 20 premiers pays reste élevée, elle a perdu environ 5 points de pourcentage sur la période.

Graphique 2.6. Croissance des échanges mondiaux de produits agroalimentaires

Taux de croissance annuels composés, en valeur réelle (USD)

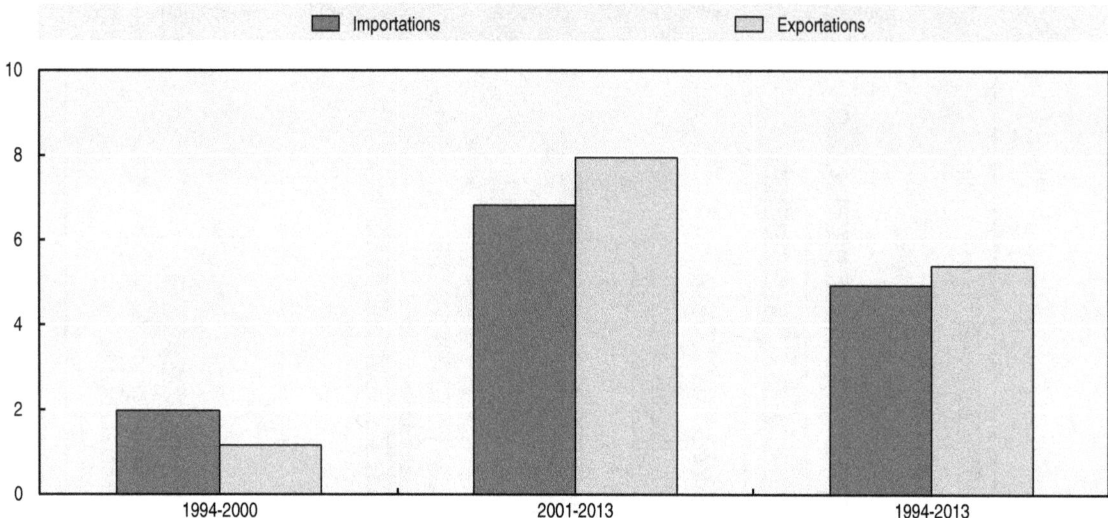

Notes : la valeur des échanges a été convertie en termes réels en appliquant le déflateur du PIB des États-Unis de la SFI en ligne. Les taux diffèrent entre les exportations et les importations en raison de différences et d'incohérences dans les informations transmises par les pays.

Source : estimations de l'OCDE basées sur les données du système WITS (http://wits.worldbank.org/).

Tableau 2.1. Principaux importateurs de produits agroalimentaires

Part de la valeur totale des importations (nominale, en USD), 2000 et 2013

Rang	2000		2013	
	Pays	Part (%)	Pays	Part (%)
1	États-Unis	11.7	États-Unis	9.1
2	Japon	10.8	Chine	8.1
3	Allemagne	7.6	Allemagne	6.9
4	Royaume-Uni	6.5	Japon	5.2
5	France	5.4	Royaume-Uni	4.7
6	Italie	5.0	Pays-Bas	4.7
7	Pays-Bas	3.9	France	4.3
8	Belgique	3.4	Italie	3.7
9	Espagne	3.1	Belgique	3.1
10	Canada	2.7	Fédération de Russie	3.0
11	Chine	2.4	Espagne	2.6
12	Hong Kong (Chine)	2.2	Canada	2.5
13	Mexique	2.1	Corée	1.9
14	Corée	2.0	Mexique	1.9
15	Fédération de Russie	1.6	Hong Kong (Chine)	1.9
16	Danemark	1.2	Arabie saoudite	1.6
17	Arabie saoudite	1.1	Pologne	1.3
18	Suisse	1.1	Indonésie	1.3
19	Portugal	1.0	Inde	1.3
20	Suède	1.0	Suède	1.2
Total		**75.5**		**70.3**

Source : estimations de l'OCDE basées sur les données du système WITS (http://wits.worldbank.org/).

Tableau 2.2. Principaux exportateurs de produits agroalimentaires

Part de la valeur totale des exportations (nominale, en USD), 2000 et 2013

Rang	2000		2013	
	Pays	**Part (%)**	**Pays**	**Part (%)**
1	États-Unis	13.1	États-Unis	10.1
2	France	7.8	Pays-Bas	7.0
3	Pays-Bas	7.3	Allemagne	6.0
4	Allemagne	5.5	Brésil	5.7
5	Canada	4.1	France	5.3
6	Belgique	4.0	Chine	4.4
7	Royaume-Uni	3.7	Belgique	3.3
8	Espagne	3.6	Canada	3.3
9	Australie	3.5	Espagne	3.3
10	Italie	3.5	Inde	3.1
11	Chine	3.5	Italie	2.9
12	Brésil	2.9	Argentine	2.8
13	Argentine	2.6	Australie	2.5
14	Danemark	2.4	Indonésie	2.2
15	Thaïlande	2.3	Royaume-Uni	2.1
16	Mexique	1.8	Thaïlande	2.1
17	Nouvelle-Zélande	1.6	Pologne	1.8
18	Irlande	1.5	Malaisie	1.7
19	Inde	1.3	Nouvelle-Zélande	1.6
20	Indonésie	1.3	Mexique	1.6
Total		**77.3**		**72.7**

Source : estimations de l'OCDE basées sur les données du système WITS (http://wits.worldbank.org/).

En 2000 et en 2013, les États-Unis figuraient en tête du classement, moyennant environ 10 % des importations et des exportations de produits agroalimentaires. Le rôle croissant joué dans le commerce mondial par le Brésil, la Chine, l'Inde et l'Indonésie est toutefois manifeste. Pour les importations, en particulier, la part de la Chine dans le total s'est hissée de 2.4 % à 8.1 % sur la période en question.

De manière plus générale, les pays à faible revenu et à revenu intermédiaire réalisent une plus grande partie de leurs exportations et de leurs importations avec les autres pays de leur catégorie depuis 2000. La part du total des importations de produits agroalimentaires des pays à faible revenu et à revenu intermédiaire en provenance des autres pays de ce groupe est passée d'environ 45 % en 2000 à environ 57 % en 2013 (graphique 2.7). Parallèlement, les exportations de produits agroalimentaires en provenance des pays à faible revenu et à revenu intermédiaire et à destination des autres pays de ce groupe s'est accrue de 35 % en 2000 à 55 % en 2013. La progression de ces échanges Sud-Sud laisse penser que les mesures commerciales et les dispositions de soutien interne appliquées dans les pays en développement sont susceptibles d'avoir des retombées dans les autres pays en développement.

Concentration des échanges mondiaux en baisse

Non seulement l'importance relative d'un certain nombre de grands exportateurs et importateurs agroalimentaires a été bouleversée, mais la répartition des échanges entre les pays a aussi évolué. Comme le montrent les tableaux 2.1 et 2.2, le commerce des produits agroalimentaires est très concentré mais cette concentration diminue avec le temps. L'indice de concentration de Gini[5] révèle qu'après avoir augmenté entre 1996 et 2000, la concentration des échanges agroalimentaires (importations et exportations) diminue depuis lors, plus particulièrement depuis 2007 (graphique 2.8). Cette évolution s'explique en partie par l'apparition au fil du temps de nouveaux fournisseurs et de nouveaux marchés pour les produits.

Graphique 2.7. Importance croissante des échanges Sud-Sud

Par rapport aux parts en 2000 (indice 2000 = 100)

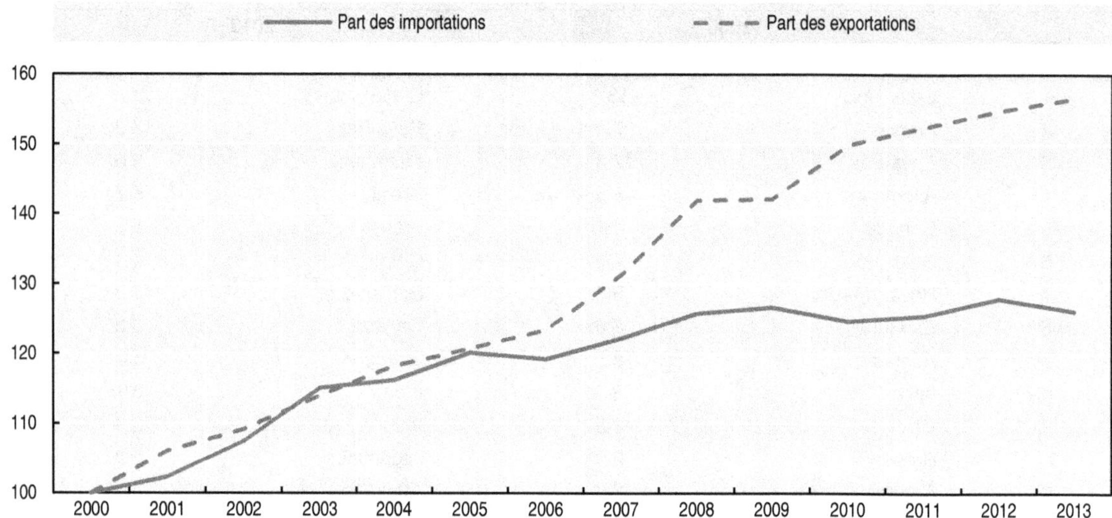

Note : les pays du « Sud » sont ceux qui appartiennent aux groupes des pays de l'OMC à faible revenu et à revenu intermédiaire, et les non-membres de l'OMC.

Source : estimations de l'OCDE basées sur les données du système WITS (http://wits.worldbank.org/).

Graphique 2.8. Concentration des échanges agroalimentaires mondiaux, 1996-2013

Coefficient de Gini

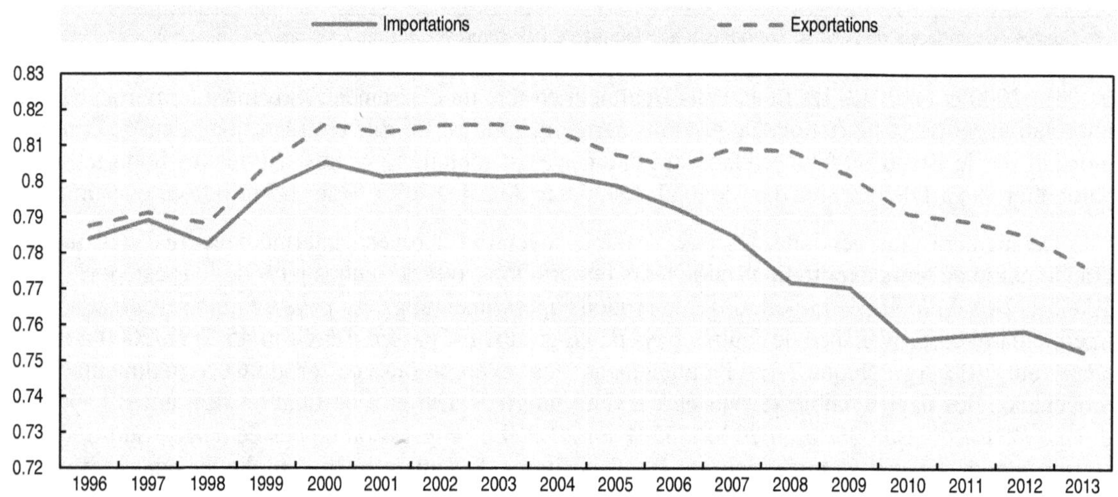

Note : le coefficient de Gini est utilisé comme un indicateur de concentration du commerce.

Source : estimations de l'OCDE basées sur les données du système WITS (http://wits.worldbank.org/).

2.3. Évolutions des politiques agricoles

Le panorama des politiques agricoles a beaucoup changé depuis 2000. Des évolutions sont apparues sous l'effet de différents facteurs, notamment la mutation de la dynamique des marchés, l'expérience de réformes passées, qui a suscité des actions unilatérales, l'augmentation du nombre d'accords commerciaux bilatéraux et régionaux, et, surtout, les flambées des prix des produits alimentaires et la crise alimentaire qu'elles ont engendrée en 2007-08. Dans certains pays, des changements plus généraux ont été apportés aux objectifs du soutien public à l'agriculture. En particulier, les objectifs et les mesures liés à l'environnement, la santé et le bien-être animal ont pris de l'importance. Les méthodes employées pour atteindre ces objectifs varient selon les pays, compte tenu des différents points de vue sur le rôle de la politique agricole dans ce domaine (encadré 2.2). En somme, l'ensemble des changements a abouti à une transformation de l'accès au marché, du soutien interne et de la concurrence à l'exportation.

À l'avenir, les retombées des politiques climatiques, qu'elles visent l'atténuation ou l'adaptation, pourraient modifier davantage la nature des politiques agricoles, en conséquence celle des accords internationaux tels que celui auquel a abouti la COP21 (encadre 2.3).

Encadré 2.2. Les politiques agricoles dans le cadre de la résolution de problèmes liés notamment à l'environnement

La politique agricole a évolué au fil du temps et met de plus en plus l'accent, dans certains pays, sur les problèmes liés à l'environnement, à la santé (animale, végétale et humaine), au bien-être animal et la planification régionale. Des réformes importantes ont été entreprises dans l'Union Européenne, par exemple. Elles ont éloigné l'aide publique de l'incitation à la production et de l'influence sur les prix de marché des produits pour favoriser des paiements en rapport avec des préoccupations liées à l'environnement. En 2015, 35 % des paiements directs étaient subordonnés à des pratiques agricoles tenant compte de l'environnement (moyennant des exceptions concernant l'éco-conditionnalité). Dans l'Union Européenne, de nombreux paiements dans ces domaines sont « découplés » de la production, ce qui modifie leur incidence sur l'offre mondiale et les prix du marché.

Le recours aux politiques agricoles pour atteindre des objectifs environnementaux, entre autres, n'est pas uniforme d'un pays à l'autre. Dans certains d'entre eux, l'offre de biens collectifs liés à ces objectifs est facilité par la fiscalité et les réglementations interdisant certaines pratiques. Les mesures en faveur de la santé et du bien-être (animal, végétal et humain) prennent le plus souvent la forme d'instruments réglementaires visant à limiter certains comportements et pratiques et à en encourager d'autres.

Plus essentiellement, le rôle de la production agricole dans la création de biens environnementaux et autres biens publics fait débat. Les réflexions sur le caractère multifonctionnel de l'agriculture – notion selon laquelle l'agriculture ne produit pas seulement des aliments et des fibres, mais aussi des biens non marchands – révèlent différents points de vue sur le rôle des pouvoirs publics et de la politique agricole dans ce domaine. Cela se traduit également par des approches différentes entre les pays.

L'incidence que la politique agricole exerce sur l'environnement ou sur les marchés selon que le recourt à des instruments couplés ou découplés de la production n'est pas avérée (OCDE, 2008b). Des progrès réalisés pour mesurer ces effets sont significatifs effets réalisés mais des incertitudes persistent car il est très difficile de mesurer les résultats de ces programmes (OCDE, 2012).

Encadré 2.3. La COP21 et l'agriculture

Lors de la COP21, à Paris, l'Accord de Paris sur le climat a été adopté dans le cadre de la CCNUCC[1]. Cet accord prévoit, sur le long terme, de contenir l'élévation de la température moyenne de la planète nettement en dessous de 2 °C par rapport aux niveaux préindustriels et de « poursuivre l'action » menée pour limiter l'élévation des températures à 1.5 °C. Pour atteindre cet objectif, les parties ont convenu qu'il fallait parvenir au plafonnement mondial des émissions dès que possible avant de commencer à les faire diminuer– tout en admettant que les pays en développement auront besoin de plus de temps – et qu'il fallait par la suite opérer des réductions rapidement.

L'agriculture n'est pas mentionnée directement dans l'Accord. Néanmoins, le texte et les stratégies nationales de réduction des émissions, présentées sous la forme de contributions prévues déterminées au niveau national (CPDN), reconnaissent la menace que le changement climatique représente pour la durabilité de la production alimentaire et offrent des possibilités pour que l'agriculture soit une composante active de la solution à ce problème.

Intérêt de l'Accord de Paris pour l'alimentation et l'agriculture

Le préambule de l'Accord comporte une référence explicite à la production et la sécurité alimentaires, en admettant « la priorité fondamentale consistant à protéger la sécurité alimentaire et à venir à bout de la faim, et les systèmes de production alimentaire particulièrement vulnérables par rapport aux effets néfastes des changements climatiques ». Qui plus est, l'article 2 de l'Accord souligne l'importance de la production alimentaire, en établissant clairement que l'« Accord (...) vise à renforcer la riposte mondiale à la menace des changements climatiques (...) d'une manière qui ne menace pas la production alimentaire ».

En octroyant aux gouvernements la liberté de décider exactement quelles sources d'émissions viser, l'Accord n'écarte pas l'atténuation des émissions agricoles. L'article 4.1, par exemple, établit que les parties visent *à parvenir à un équilibre entre les émissions anthropiques par les sources et les absorptions anthropiques par les puits de gaz à effet de serre au cours de la deuxième moitié du siècle.* L'article 5.1 prévoit qu'elles devraient conserver et renforcer les puits et réservoirs de gaz à effet de serre.

L'Accord décrit de nombreuses mesures gouvernementales permettant de renforcer la capacité des sociétés à faire face aux conséquences du changement climatique et de fournir un soutien international accru et ininterrompu à la mise en œuvre de l'adaptation dans les pays en développement. Ces mesures comprennent le soutien financier par les pays développés, notamment à travers l'objectif collectif actuel de mobilisation de 100 milliards USD par an d'ici à 2025 afin d'appliquer des mesures d'adaptation et d'atténuation dans les régions en développement, somme qui devrait augmenter après 2025.

Contributions prévues déterminées au niveau national (CPDN)

Au-delà de l'accord lui-même, plusieurs CPDN font référence à l'agriculture et la production alimentaire. Sur les 133 CPDN analysées par le Groupe consultatif pour la recherche agricole internationale (CGIAR) fin novembre 2015, 102 mentionnaient l'adaptation agricole (avec au moins une mesure d'adaptation présente dans 94 d'entre elles), et les objectifs liés à l'atténuation dans l'agriculture apparaissaient dans 103 (avec au moins une mesure d'atténuation précisée dans 84 d'entre elles)[2]. La gestion des eaux en agriculture apparaissait dans 83 propositions.

L'application des CPDN bénéficiera du soutien du Plan d'actions Lima-Paris (LPAA). Le LPAA comporte cinq grandes initiatives liées à l'agriculture. Celles-ci comprennent l'initiative *« 4 pour 1000 : les sols pour la sécurité alimentaire et le climat »*, qui a été lancée par les partenaires étatiques et non étatiques, et qui vise à protéger et accroître les stocks de carbone dans les sols, ainsi que le *Programme d'adaptation de l'agriculture paysanne* (ASAP), qui a pour but d'améliorer la résilience au climat et la sécurité alimentaire des petits producteurs agricoles.

Étapes suivantes

Le 22 avril 2016, l'Accord de Paris a été ouvert à la signature pour un an. Il a été signé par 174 pays et l'Union européenne. L'Accord entrera en vigueur une fois que 55 pays responsables d'au moins 55 % des émissions mondiales auront déposé leur instrument de ratification. Les gouvernements ont convenu de se réunir tous les cinq ans afin d'établir un bilan collectif de la mise en œuvre de leurs stratégies et de fixer des objectifs plus ambitieux. La première réunion officielle d'état des lieux aura lieu en 2023.

---

1. Convention-cadre des Nations Unies sur les changements climatiques, http://unfccc.int/portal_francophone/items/3072.php.
2. CGIAR, Programme de recherche du CGIAR sur le changement climatique, l'agriculture et la sécurité alimentaire (CCAFS) (novembre 2015), https://cgspace.cgiar.org/rest/bitstreams/62364/retrieve.

Accès aux marchés

Depuis l'Accord sur l'agriculture de 1994, l'accès aux marchés s'est nettement amélioré. Les pays ont entrepris un abaissement des taux des droits de douane pour respecter l'Accord, mais ont également réalisés des efforts plus poussés. Depuis 2000, la moyenne des droits de douane appliqués aux produits agricoles recule principalement sous l'effet des mesures unilatérales adoptées par certains pays et d'un éventail d'accords commerciaux bilatéraux et régionaux entrant en vigueur (graphique 2.9).

En termes absolus, le nombre de nouveaux accords commerciaux bilatéraux et régionaux notifiés à l'OMC augmente chaque année depuis 2000 (graphique 2.10). De ce fait, le « stock » d'accords en vigueur s'est singulièrement élargi, couvrant une proportion croissante des échanges mondiaux – en 2014, seuls 7 pays de l'OMC n'étaient concernés par aucun accord commercial bilatéral ou régional notifié en vigueur. En 2008, un peu plus du tiers de l'ensemble des échanges internationaux de marchandises (échanges intra-Union européenne non compris) étaient régis par des accords commerciaux régionaux, contre seulement 18 % en 1990 (OMC 2011, p. 64). La part du commerce mondial de produits agricoles échangés entre pays liés par un accord commercial régional a également progressé, passant d'à peine plus de 20 % en 1998 à presque 40 % en 2009 (OCDE, 2013).

L'agriculture est certes un secteur politiquement sensible, mais plusieurs accords commerciaux bilatéraux et régionaux modifiant les niveaux de protection des produits agricoles ont été conclus, portant la libéralisation des échanges au-delà des niveaux prévus par l'OMC. L'OCDE (2015a) indique qu'en matière d'accès aux marchés, la majorité des accords commerciaux prévoient des réductions des droits de douane et d'autres concessions qui dépassent les engagements pris par chaque pays dans le cadre de l'OMC. Certaines productions restent sensibles néanmoins et dans ces cas, les dispositions relatives à l'accès aux marchés reflètent souvent celles en vigueur à l'échelle multilatérale.

Les accords commerciaux bilatéraux et régionaux vont également au-delà des engagements pris dans le cadre de l'OMC à d'autres égards. Environ un tiers des accords analysés par l'OCDE (2015a) comportent des obligations qui débordent du champ couvert par l'Accord sur l'agriculture de l'OMC. Elles sont généralement liées à des dispositions relatives à l'assistance technique et sont souvent formulées comme des obligations de moyens. Un nombre considérable d'accords instaurent également un cadre plus large que celui de l'OMC en matière de mesures sanitaires et phytosanitaires et d'obstacles techniques au commerce, même s'ils ne sont pas toujours coercitifs. Enfin, plus de la moitié des accords bilatéraux et régionaux renforcent les disciplines relatives aux subventions et aux restrictions à l'exportation, sans pour autant que ces dispositions soient axées exclusivement sur les produits agricoles.

Toutefois, en raison des améliorations de l'accès aux marchés, des différences considérables existent entre les droits de douane appliqués et les droits de douane consolidés. C'est en Norvège et en Inde que la marge de consolidation est la plus forte : elle atteint presque 80 points de pourcentage dans ces deux cas. On observe des marges de consolidation importantes dans les pays émergents comme dans les pays développés.

Les droits de douane prévus sur chaque produit peuvent aussi varier fortement d'un pays à l'autre et être très éloignés de la moyenne des droits appliqués. Dans plusieurs cas, le droit de douane appliqué à un produit agricole particulier équivaut à plusieurs fois la moyenne des droits appliqués. En Norvège et en Suisse, par exemple, le droit maximum appliqué, tous produits agricoles confondus, s'élève à plus de 500 %. Seul le Chili présente une structure uniforme des droits de douane, fixés à 6 % pour tous les produits (à moins qu'ils ne soient couverts par un accord bilatéral ou régional). Il convient néanmoins de remarquer que pour connaître la protection réelle mise en œuvre, le taux du droit de douane pris isolément peut être trompeur. Par exemple, lorsque des contingents tarifaires sont en place, un taux hors contingent très élevé peut n'offrir aucune protection si le contingent est suffisamment important pour ne pas être atteint. Dans de tels cas, c'est le taux applicable au contingent tarifaire qui importe.

Graphique 2.9. Taux des droits de douane appliqués aux produits agricoles

Moyenne pondérée (%) de 1996 à 2013

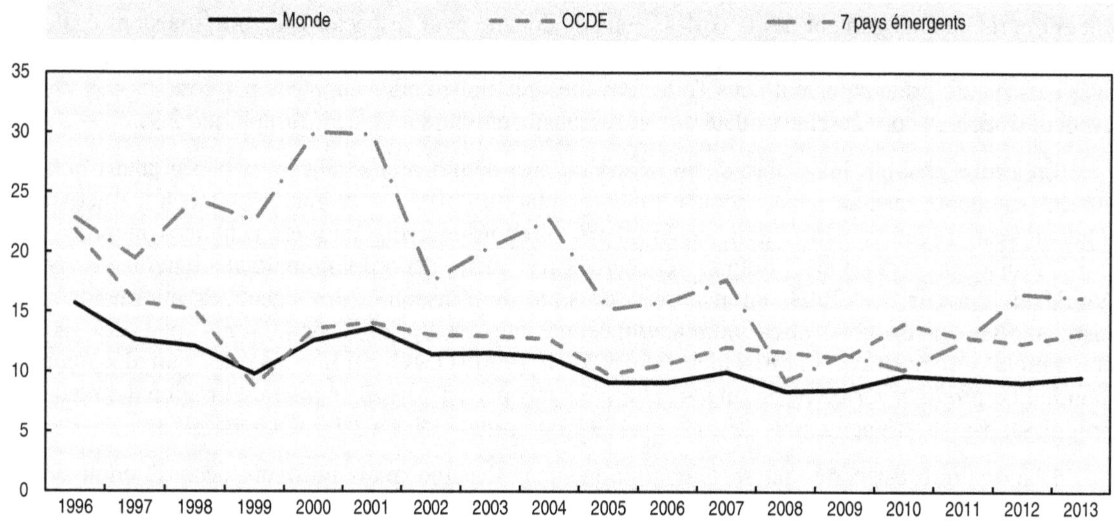

Notes : droits de douane appliqués aux produits agricoles tels qu'ils sont définis par l'OMC.
Source : estimations de l'OCDE basées sur les données du système WITS (http://wits.worldbank.org/).

Graphique 2.10. Accords commerciaux régionaux et bilatéraux notifiés

de 1957 à 2014

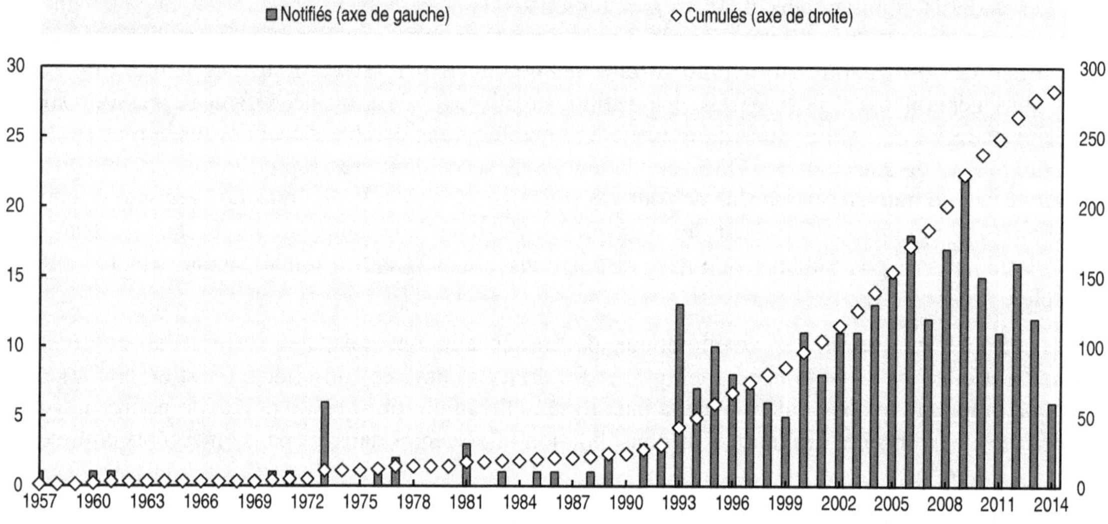

Source : base de données sur les ACR de l'OMC (https://www.wto.org/french/tratop_f/region_f/region_f.htm).

Outre le cas des produits spécifiques et des fortes marges de consolidation, des foyers de taux appliqués élevés persistent. Le panorama de ces taux élevés a évolué depuis 2000. Les tendances des taux appliqués élevés, c'est-à-dire 10 ou 25 fois supérieurs, au moins, à la moyenne mondiale (simple) des taux appliqués aux produits agroalimentaires sur une année donnée, attestent d'une hausse du nombre de d'échanges bilatéraux faisant l'objet de droits de douane élevés (graphique 2.11)[6]. En 2000, par exemple, environ 1 300 échanges bilatéraux définis par un code à six chiffres du Système harmonisé subissaient des droits de douane au moins dix fois supérieurs à la moyenne mondiale appliquée aux échanges agroalimentaires. En 2013, ce nombre avait doublé, atteignant environ 2 600 échanges bilatéraux (les droits de douane 25 fois supérieurs à la moyenne appliquée aux produits agroalimentaires pour une année donnée suivent une progression similaire). Différentes évolutions ont toutefois été constatées, sans que leur cause ne puisse être clairement identifiée parmi les différents facteurs (ou les différentes combinaisons de facteurs) susceptibles de les provoquer. Il peut s'agir d'une intensification des échanges malgré des taux élevés de droits de douane en vigueur, d'une hausse des droits de douane appliqués à des flux commerciaux déjà en place, d'une baisse de la moyenne mondiale des droits de douane ou simplement d'incohérences des données.

Seul un ensemble relativement petit de pays applique aux flux commerciaux bilatéraux des droits de douane élevés – ceux définis comme 25 fois supérieurs à la moyenne mondiale des taux appliqués aux produits agroalimentaires (tableau 2.3). Sur la période allant de 2000 à 2013, seulement 11 pays ont appliqué aux produits agroalimentaires des droits de douane au moins 25 fois supérieurs à la moyenne mondiale des taux appliqués à ces produits. Dans ces pays, les droits de douane élevés sont souvent appliqués à un ensemble particulier de produits plutôt qu'à une large gamme. Il convient également de remarquer qu'en règle générale, la valeur des échanges concernés par les droits de douane élevés est modeste (cependant, les droits de douane élevés freinent les échanges, de sorte que la valeur observée ne correspond pas à la valeur potentielle)[7]. En outre, le tableau ne montre que les taux élevés des droits de douane appliqués et ne tient pas compte des taux de protection élevés éventuellement liés aux droits de douane ou de contingents spécifiques.

Graphique 2.11. Nombre de flux commerciaux bilatéraux soumis à des droits de douane élevés

de 2000 à 2013

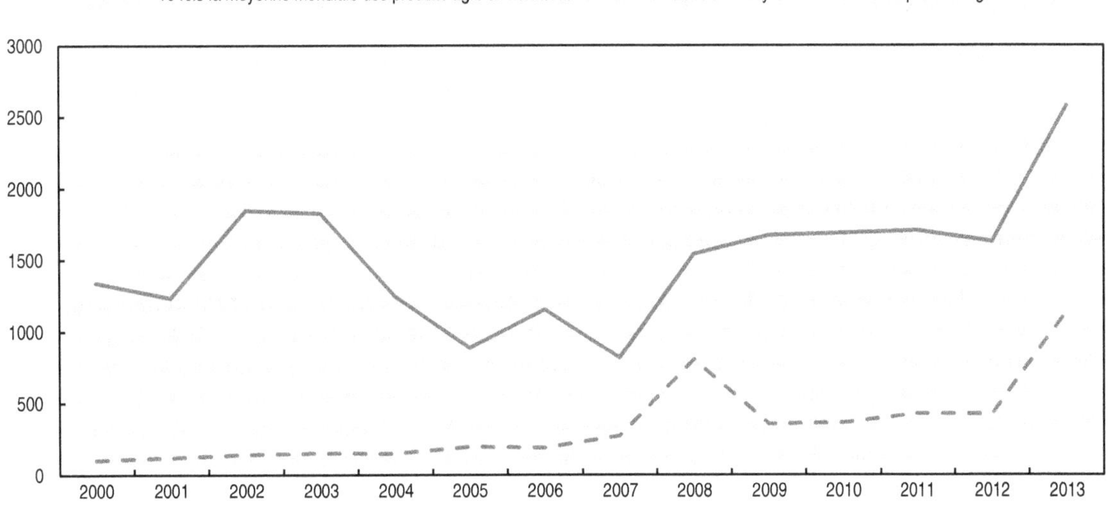

Source : estimations de l'OCDE basées sur les données du système WITS (http://wits.worldbank.org/).

Soutien interne

Le soutien interne connaît des variations non négligeables depuis 2000, tant chronologiques que géographiques. Cette évolution s'explique par une succession de réformes démarrée à la suite de l'Accord sur l'agriculture de 1994 de l'OMC et, il faut le souligner, en réaction aux flambées des prix des produits alimentaires de 2007-08.

Les tendances mondiales et les conséquences persistantes de la crise alimentaire

Les indicateurs globaux de soutien – estimation du soutien aux producteurs (ESP) de l'OCDE et taux nominal d'aide (NRA) de la Banque mondiale – dénotent une chute du niveau du soutien apporté aux producteurs agricoles dans le monde. Le niveau moyen du soutien, dans les pays de l'OCDE, est passé de 32 % des recettes agricoles brutes en 2000 à 17 % en 2014 (OCDE, 2015b). En revanche, d'après le NRA, la moyenne du soutien total apporté à l'agriculture dans tous les pays analysés affiche une baisse beaucoup plus modérée, de 0.29 en 2000 à 0.27 en 2011 (dernière année pour laquelle des données sont disponibles). Si seuls les principaux pays intervenant dans les échanges de produits agricoles sont pris en compte (ceux qui figurent aux tableaux 2.1 et 2.2), la diminution est beaucoup plus prononcée – de 0.45 en 2000 à 0.29 en 2011.

Tableau 2.3. Pays appliquant aux produits agroalimentaires des droits de douane 25 fois supérieurs à la moyenne mondiale

Total entre 2000 et 2013

	Nombre de lignes tarifaires 25 fois supérieures à la moyenne mondiale	Moyenne (simple) des droits de douane appliqués à ces échanges	Proportion des échanges concernée sur la période (en %)
Égypte	1 414	1 705	0.81
Corée	2 273	446	1.07
Mexique	12	245	0.33
Maroc	54	322	0.10
Norvège	404	329	0.10
Panama	20	371	0.01
Pologne	39	370	0.02
Saint-Kitts-et-Nevis	4	400	>0.01
Taipei chinois	19	343	>0.01
États-Unis	106	350	>0.01
Zimbabwe	8	374	0.10

Notes : des taux élevés étaient appliqués à des lignes tarifaires en Pologne avant l'adhésion du pays à l'Union européenne, en 2004. Pour la Corée, la part des échanges concernée est probablement surévaluée (voir note 7).

Source : estimations de l'OCDE basées sur les données du système WITS (http://wits.worldbank.org/).

Ces tendances cachent des divergences nées des réactions à la flambée des prix alimentaires et des écarts entre groupes de pays. La crise des prix des produits alimentaires de 2007-08 a marqué le début d'un certain nombre de modifications de l'orientation de la politique commerciale agricole des gouvernements. Les administrations nationales de certains pays en développement ont adopté plusieurs mesures visant à stabiliser les marchés intérieurs et à déconnecter leurs consommateurs des bouleversements survenant sur les marchés mondiaux (OCDE, 2009 ; Abbot, 2010 ; OCDE, 2010). À court terme, plusieurs gouvernements ont mis en place des restrictions à l'exportation et différents droits d'importation afin d'isoler les consommateurs de leur pays vis-à-vis de l'envolée des prix internationaux (tableau 2.4).

D'après Demeke, Pangrazio et Maetz (2008), les interventions sur les échanges, le marché et la production nationale sont les réactions les plus courantes mises en œuvre par les gouvernements et représentent 85 % des mesures prises en conséquence de la crise. Les dispositifs de protection ciblant directement les consommateurs vulnérables sont restés beaucoup plus rares. Néanmoins, l'OCDE

(OCDE, 2010) signale que dans le cas de plusieurs grandes puissances commerciales du secteur agricole examinées, une part importante des interventions a consisté à renforcer des mesures existantes au lieu d'en instaurer de nouvelles.

Dans les grands pays exportateurs, l'intervention dans les échanges et sur les marchés a aidé à modérer certaines hausses des prix à la consommation (notamment du blé en Chine et en Inde – voir Galtier et al., 2013). Cependant, étant donné que plusieurs pays ont procédé à ces interventions, leur effet cumulé sur les prix mondiaux a sensiblement amoindri leur efficacité pour les autres, en particulier pour les petits pays producteurs. Qui plus est, du point de vue de l'ensemble de l'économie et sur le long terme, l'efficience et l'efficacité des mesures commerciales ponctuelles prises en réaction à la variabilité des prix intérieurs sont contestables et susceptibles d'aller à l'encontre de la sécurité alimentaire (voir OCDE, 2015c ; 2015d).

Selon Anderson, Ivanic et Martin (2014) également, les interventions dans les échanges et sur les marchés ont accentué les mouvements globaux des prix. De même, Headey (2011) émet l'idée que les décisions de politique commerciale ont été l'un des grands éléments moteurs des variations brutales des prix observées. Pour le riz, le blé, le maïs et le soja, les actions commerciales des pays ont consisté à restreindre les exportations, à accroître les stocks par des achats et à supprimer des restrictions à l'importation.

Tableau 2.4. Mesures commerciales couramment adoptées en 2008

	Afrique	Asie	Amérique latine	Total
Pays étudiés	33	26	22	**81**
Interventions sur le marché				
Politique commerciale				
Réduction des taxes et droits de douane à l'importation	18	13	12	**43**
Restriction ou interdiction des exportations	8	13	4	**25**
Mesures sur le marché intérieur				
Suspension / diminution de la TVA et autres taxes	14	5	4	**23**
Écoulement des stocks à des prix subventionnés	13	15	7	**35**
Prix administrés	10	6	5	**21**
Soutien à la production				
Soutien à la production	12	11	12	**35**
Dispositifs de protection des producteurs	6	4	5	**15**
Programmes de soutien à l'achat d'engrais et de semences	4	2	3	**9**
Interventions sur le marché	4	9	2	**15**
Dispositifs de protection des consommateurs				
Transferts monétaires	6	8	9	**23**
Augmentation du revenu disponible	4	8	4	**16**

Source : Demeke, Pangrazio et Maetz (2008).

Les pays importateurs nets de produits alimentaires dont les barrières commerciales étaient déjà basses se sont révélés particulièrement vulnérables aux effets de ces politiques. Amplifiés par les mesures d'isolation appliquées par d'autres pays, les mouvements des prix ont eu des conséquences plus dramatiques que si ces mesures n'avaient pas existé. Les interventions décidées par différents pays pour renforcer la sécurité alimentaire l'ont en fait affaiblie à l'échelle mondiale. Selon Anderson, Ivanic et Martin (2014), il est possible que les mesures commerciales adoptées en 2007-08 pour isoler les prix alimentaires aient accru le nombre total de personnes vivant dans la pauvreté dans le monde.

Depuis lors, de nombreux pays restent sur la défensive vis-à-vis des marchés internationaux. Beaucoup ont commencé à appliquer des politiques d'autosuffisance, souvent dans l'optique d'améliorer leur sécurité alimentaire. Concrètement, divers leviers sont employés, notamment le soutien des prix du marché au moyen de barrières commerciales, les subventions aux intrants ou, parfois, le recours à des programmes de stockage public. Sur le long terme, les mesures commerciales et internes de ce type pourraient contribuer à accentuer la volatilité des prix sur les marchés internationaux étant donné qu'elles exportent les variations des prix intérieurs vers le marché mondial (Gouel, 2014). Cela étant, certains pays ont également mis en place des politiques qui créent moins de distorsions, en investissant nettement dans la recherche-développement et les infrastructures agricoles.

L'incidence de la crise alimentaire sur les politiques agricoles internes (et commerciales) est mise en évidence par les estimations du taux nominal d'aide (graphique 2.12). Avant 2008, la tendance de ce taux était à la baisse, tant dans les pays fortement intégrés au commerce mondiale de produits agricoles que dans les autres. Selon certaines sources, cette diminution pourrait avoir été liée en partie à la hausse des prix des produits alimentaires (indice des prix alimentaires nominaux dans le graphique 2.12). Cependant, malgré la persistance de l'augmentation des prix au cours de la période suivante, la tendance à la baisse du taux nominal d'aide s'est nettement inversée.

Il convient également de noter que le soutien accordé à l'agriculture chez les grands exportateurs de produits agricoles (d'après le NRA) est, en moyenne, supérieur à celui qui est dispensé dans les autres pays. Par ailleurs, la réaction des pouvoirs publics à l'envolée des prix alimentaires a été proportionnellement plus importante dans les pays qui ne jouent pas un grand rôle dans le commerce de produits agricoles par rapport à ceux qui sont au premier plan.

Graphique 2.12. Taux nominal d'aide : tendances contrastées

NRA et indice des prix des produits alimentaires de 2000 à 2011

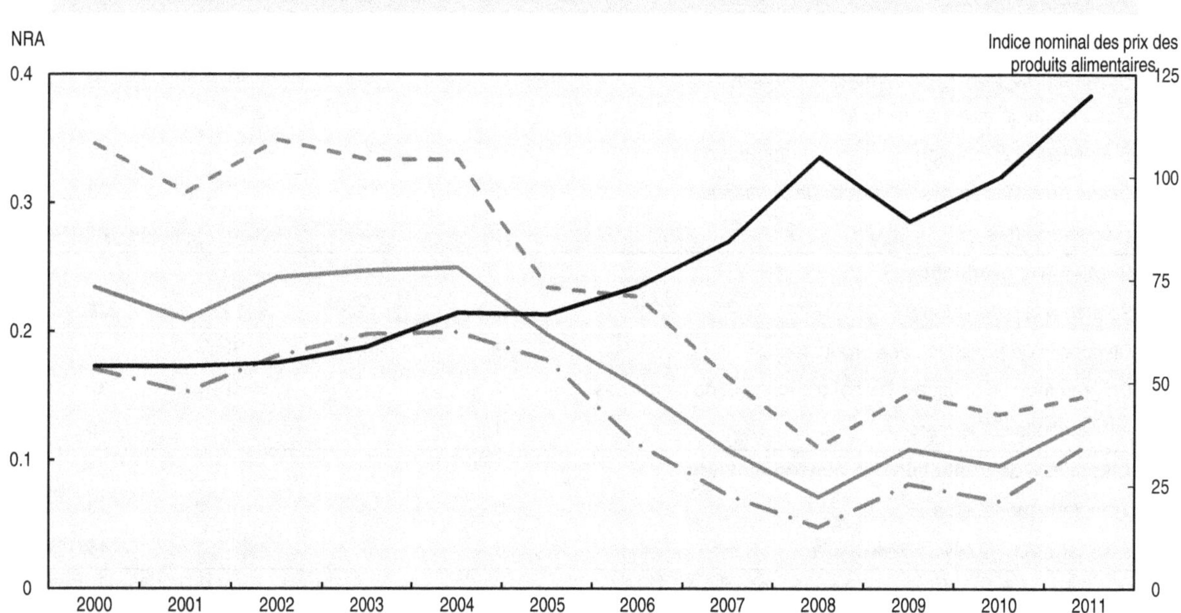

Notes : les estimations du NRA portent sur tout le secteur agricole (primaire) et englobent les paiements autres que par produit. Les estimations par pays sont obtenues à partir des moyennes pondérées en fonction de la valeur de la production.

Source : Banque mondiale (2012) ; Anderson et Valenzuela (2013) ; Anderson et Nelgen (2013) ; base de données SFI du FMI (http://data.imf.org/).

Soutien : une tendance en pleine évolution

Il semble que le recours à des mesures en faveur des producteurs soit de plus en plus répandu dans les pays développés et émergents – en particulier celles qui soutiennent directement les agriculteurs (graphique 2.13). Depuis 1995, les transferts de revenus aux agriculteurs sont en augmentation dans certains pays émergents et en développement, sous l'effet, en partie, de la hausse du niveau de développement et de revenus de ces pays et, pour certains, de la mise en œuvre de mesures visant à atteindre l'autosuffisance pour des produits agricoles donnés. Dans les pays développés, la conjugaison des réformes et de l'évolution des prix alimentaires mondiaux a joué un rôle dans la variation du niveau total du soutien.

Les Estimations du Soutiens aux Producteurs (ESP) mesurées par l'OCDE révèlent des différences entre économies développées et économies émergentes. En 1995, les huit pays émergents sur lesquels l'OCDE recueille des informations relatives aux politiques agricoles représentaient 5 % à peine du total des ESP mesurées (pays émergents et pays de l'OCDE confondus). En 2014, ces huit pays comptaient pour plus de 51 % du total.

Graphique 2.13. Tendances de l'ESP : pays de l'OCDE et pays émergents

Valeurs nominales des ESP de 1995 à 2014 (en milliards USD)

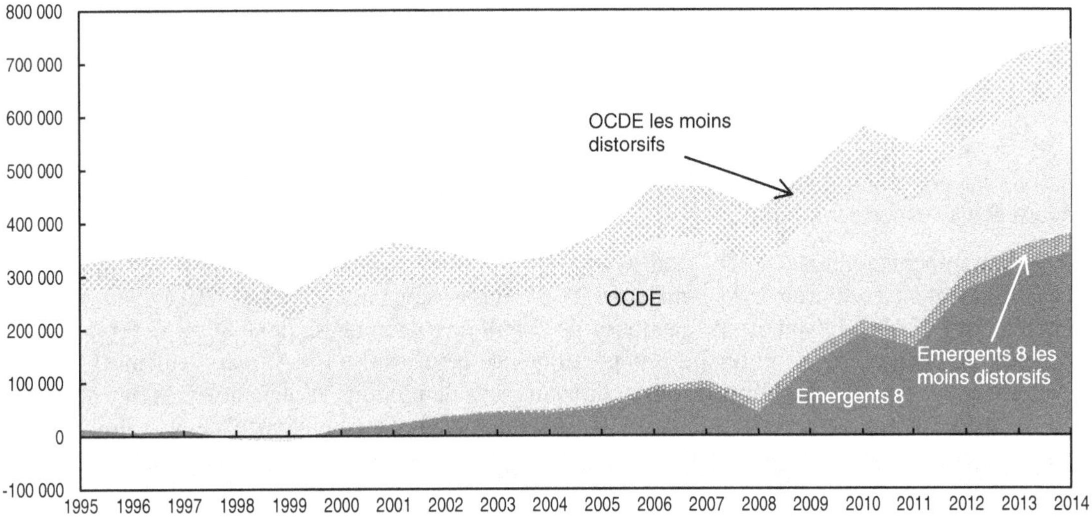

Note : les mesures causant le moins de distorsions sont les paiements découplés de la production et sans liens avec les intrants ou les produits.

Source : OECD Stat (http://stats.oecd.org/).

La composition de l'ESP a également changé depuis les années 2000 (graphique 2.14). Dans certains pays émergents, notamment l'Indonésie et la Chine, la croissance de l'ESP s'explique par une intensification du recours aux dispositions qui faussent le plus les échanges – notamment le soutien des prix du marché, les paiements en fonction de la production et les subventions à l'achat d'intrants. Dans d'autres économies émergentes, comme le Brésil, on observe à la fois une baisse de l'ESP et un glissement vers des paiements découplés. Dans bon nombre de pays de l'OCDE, la part de l'ESP attribuable aux mesures qui provoquent le plus de distorsions a chuté depuis 2000 – notamment dans l'Union européenne, où environ 68 % du soutien aux agriculteurs par-dessous forme de paiements découplés en 2014, contre environ 35 % en 2000. Néanmoins, l'évolution n'est pas uniforme dans tous les pays de l'OCDE, parmi lesquels l'Islande, le Japon, la Corée, la Suisse et la Norvège maintiennent un niveau de soutien élevé.

L'évolution de la composition du soutien dans certains pays de l'OCDE répond aussi à celle de leurs objectifs. Dans l'Union européenne, par exemple, les mesures sont de plus en plus centrées sur d'autres productions que les produits de base et sur les productions du secteur autres que les produits de base et liées à l'environnement, et sur d'autres éléments tels que les paysages culturels, la biodiversité et le développement rural.

Concurrence à l'exportation

Le recours effectif aux subventions à l'exportation a également fléchi fortement ces dernières années, en conséquence non seulement des prix élevés sur les marchés internationaux, mais aussi des réformes de l'action publique. Sur les 18 membres de l'OMC (les États membres de l'Union européenne comptant pour un) s'étant engagés lors du cycle d'Uruguay à abaisser leurs subventions à l'exportation à un taux non nul, 10 n'ont dispensé aucune subvention à l'exportation depuis le début du cycle de Doha, en 2001, selon leurs notifications annuelles. Sur les huit autres pays, trois ont déclaré avoir eu recours aux subventions à l'exportation de manière ininterrompue et un, les États-Unis, de manière limitée. En juillet 2013, la décision officielle de ramener à zéro les restitutions à l'exportation pour la viande de volaille (Règlement d'exécution (UE) nº 689/2013 de la Commission), comme c'était déjà le cas pour la viande porcine et la viande bovine, notamment, a entraîné la suppression totale des subventions à l'exportation de produits agricoles, pour la première fois depuis les années 1970. De plus, lors de la dernière Conférence ministérielle de l'OMC (MC10), les gouvernements ont décidé de supprimer les subventions à l'exportation de produits agricoles définitivement (encadré 2.4).

Néanmoins, les changements dans d'autres domaines de l'action publique liés à la concurrence à l'exportation et ayant des conséquences similaires sur le commerce mondial sont moins manifestes. Le peu de données disponibles sur les équivalents subventions des dispositions relatives au financement des exportations, à l'aide alimentaire et aux entreprises commerciales d'État rendent difficile l'analyse des variations. Malgré tout, les notifications reçues par l'OMC laissent penser que des changements positifs sont en cours depuis l'ouverture du cycle de Doha dans d'autres domaines du pilier de la concurrence à l'exportation (OMC, 2014a).

L'aide alimentaire, quant à elle, représente une proportion minime de l'ensemble de l'aide publique au développement – environ 3 % –, mais 18 % de l'aide humanitaire (Clay, 2014). En termes de quantité, Clay (2014) l'évalue aux alentours de 5 millions de tonnes, dont 80 % à 90 % sont des céréales, soit à peu près 8 % du total des importations de céréales des PMA, mais seulement 0.5 % des importations des pays en développement importateurs nets de produits alimentaires[8]. Même au moment de la flambée des prix alimentaires de 2007-08, l'aide alimentaire a eu tendance à être « pro-cyclique », à savoir qu'elle est moins disponible dans les périodes où les prix sont élevés et l'est davantage lorsque les prix sont bas (Clay, 2012). Ce comportement donne à penser qu'à un certain niveau, l'aide alimentaire entretient un lien permanent avec la politique agricole et que son acheminement est soumis à un décalage dans le temps à cause de questions de procédure. Toutefois, la substitution de flux financiers à l'acheminement de nourriture donne lieu à une tendance à la baisse du volume de l'aide alimentaire depuis 2000, nonobstant un renversement de cette tendance entre 2011 et 2012 (graphique 2.15).

À grande échelle, le recul de l'aide alimentaire acheminée sous forme de produits peut laisser supposer que les risques de distorsion des échanges ont diminué depuis 2000. Or, certains estiment que le potentiel de distorsion persiste, avec plus de risques pour certains produits que pour d'autres (Clay, 2014). Ces risques naissent en partie du maintien, dans la loi agricole de 2014 des États-Unis, de dispositions sur l'aide liée, la monétisation et l'élimination des excédents. D'autres sont liés en particulier au riz, lorsque les donateurs fournissent l'aide principalement sous la forme de transferts directs (le Brésil, le Japon et les États-Unis étant les principaux donneurs).

Graphique 2.14. Composition des PSE

2000

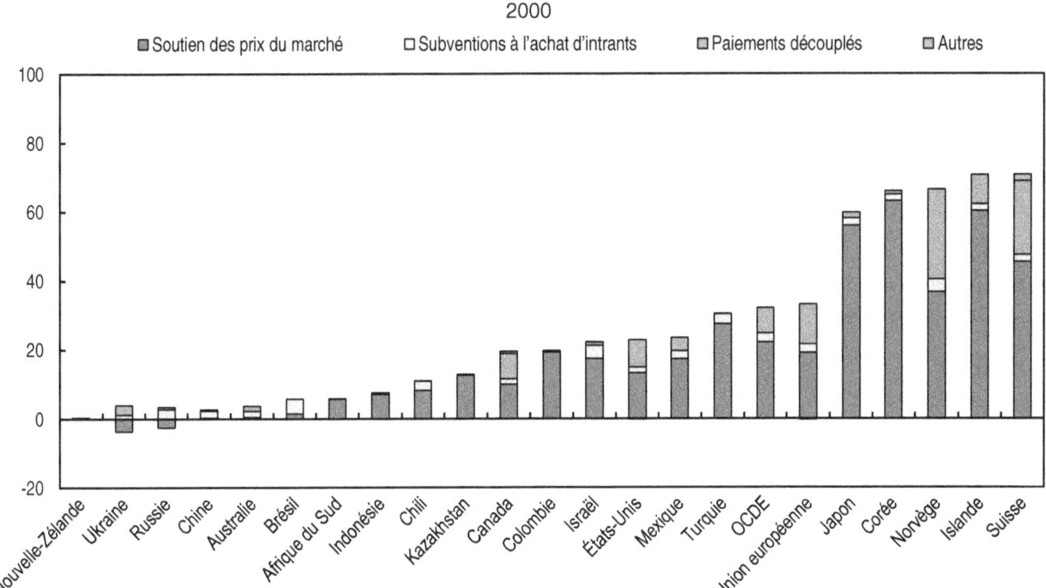

2014

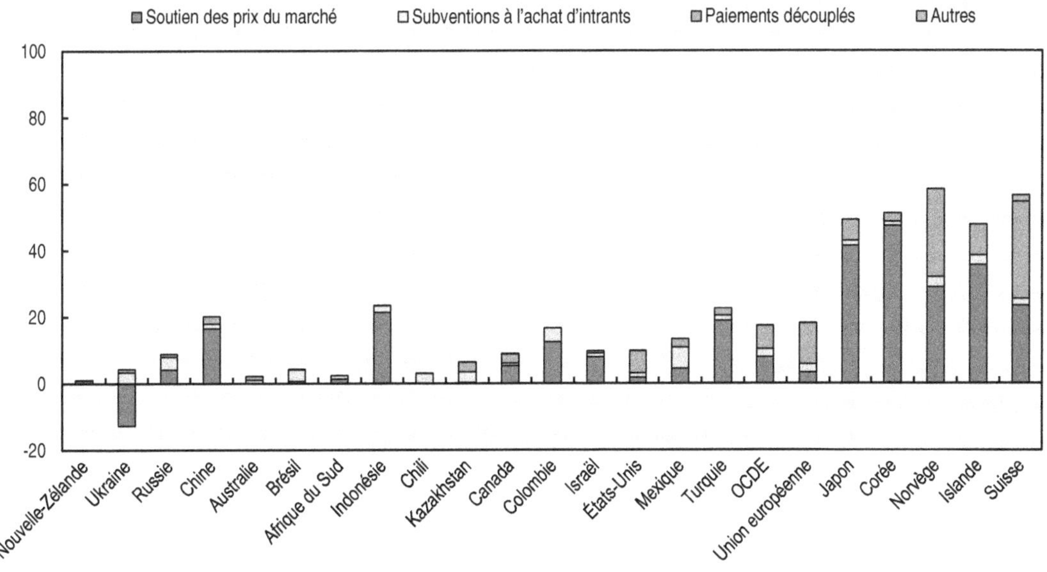

Source : OECD.Stat (http://stats.oecd.org/).

Encadré 2.4. Après la dixième Conférence ministérielle de l'OMC

Le 19 décembre 2015, la dixième Conférence ministérielle de l'OMC (MC10), qui s'est tenue à Nairobi (Kenya), a abouti à l'adoption d'un ensemble de décisions ministérielles dont plusieurs concernent l'agriculture. Le « paquet de Nairobi » prévoit l'élimination des subventions à l'exportation de produits agricoles, ainsi que d'autres décisions relatives à l'agriculture qui concernent la détention de stocks publics à des fins de sécurité alimentaire, un mécanisme de sauvegarde spéciale (MSS) en faveur des pays en développement, des mesures relatives au coton et des règles d'origine préférentielles.

Subventions à l'exportation : l'une des caractéristiques essentielles du paquet de Nairobi est la Décision ministérielle sur la concurrence à l'exportation, selon laquelle les pays développés se sont engagés à éliminer les subventions à l'exportation de produits agricoles, à l'exception de celles qui sont inscrites dans les listes pour les produits laitiers, les produits transformés et la viande porcine, et qui pourront perdurer jusqu'à la fin de 2020. Les pays en développement ont jusqu'à la fin de 2018 pour éliminer leurs possibilités d'octroi de subventions à l'exportation, mais ils peuvent continuer de couvrir les coûts de commercialisation et de transport pour les exportations de produits agricoles jusqu'à la fin de 2023. Les pays les plus pauvres et importateurs de produits alimentaires bénéficient d'un délai allant jusqu'à la fin de 2030 pour respecter leurs engagements.

Outre les dispositions ci-dessus, la décision énonce des restrictions, ou « disciplines », visant à empêcher que d'autres mesures soient utilisées pour subventionner les exportations. Ces disciplines incluent la limitation du financement du soutien en faveur des exportateurs de produits agricoles, comme les crédits à l'exportation, les garanties de crédits à l'exportation ou les programmes d'assurance ; des règles applicables aux entreprises d'État faisant le commerce de produits agricoles ; et des dispositions visant à faire en sorte que l'aide alimentaire internationale n'ai pas d'incidence préjudiciable sur les marchés intérieurs.

Détention de stocks publics à des fins de sécurité alimentaire : la décision relative à la détention de stocks publics à des fins de sécurité alimentaire réaffirme que les membres de l'OMC s'engagent à négocier et à faire tous les efforts concertés possibles pour convenir d'une « solution permanente » à cette question et l'adopter. Cet engagement était au cœur des débats de la Conférence ministérielle de Bali, en 2013.

Coton : la décision relative au coton appelle les pays développés – et les pays en développement qui se déclarent en mesure de le faire – à accorder dans la mesure prévue dans leurs arrangements commerciaux préférentiels respectifs en faveur des PMA, à compter du 1er janvier 2016, un accès en franchise de droits et sans contingent aux exportations des PMA visant les « produits dérivés du coton » figurant dans une liste précise. Il est également demandé aux pays développés de supprimer immédiatement les subventions à l'exportation du coton, alors que les pays en développement ont jusqu'au 1er janvier 2017 pour le faire. La décision salue également les réformes appliquées par certains pays à leur politique interne concernant le coton et qui peuvent contribuer à l'objectif de réduction des subventions internes, en soulignant cependant qu'il reste des efforts à faire.

Mécanisme de sauvegarde spéciale : les pays ont décidé de maintenir le droit des pays en développement d'avoir recours à un mécanisme de sauvegarde spéciale (MSS) tel que prévu au paragraphe 7 de la Déclaration ministérielle de Hong Kong, basé sur des seuils de déclenchement fondés sur les quantités importées et les prix, moyennant des arrangements précis à définir plus avant. Les négociations sur le MSS seront poursuivies par le Comité de l'Agriculture de l'OMC réuni en session extraordinaire, dans le contexte de l'examen des questions agricoles en suspens.

Parmi les autres décisions relatives à l'agriculture de la MC10 figure une décision sur les règles d'origine préférentielles pour les pays les moins avancés. Elle prévoit que lorsque les membres appliquent un critère de transformation aux produits agricoles pour déterminer une origine, ils autorisent, dans la limite de ce qui est prévu dans leurs arrangements préférentiels, la transformation des produits agricoles bruts en produits agroalimentaires. Il est aussi demandé aux membres d'envisager d'accorder un traitement préférentiel aux produits contenant des matières non originaires des PMA jusqu'à concurrence de 75% de la valeur finale du produit.

Source : OMC (2015), *Le paquet de Nairobi*, https://www.wto.org/french/thewto_f/minist_f/mc10_f/nairobipackage_f.htm.

Graphique 2.15. Aide alimentaire : par type et mode d'acheminement

Tonnes de 2000 à 2012

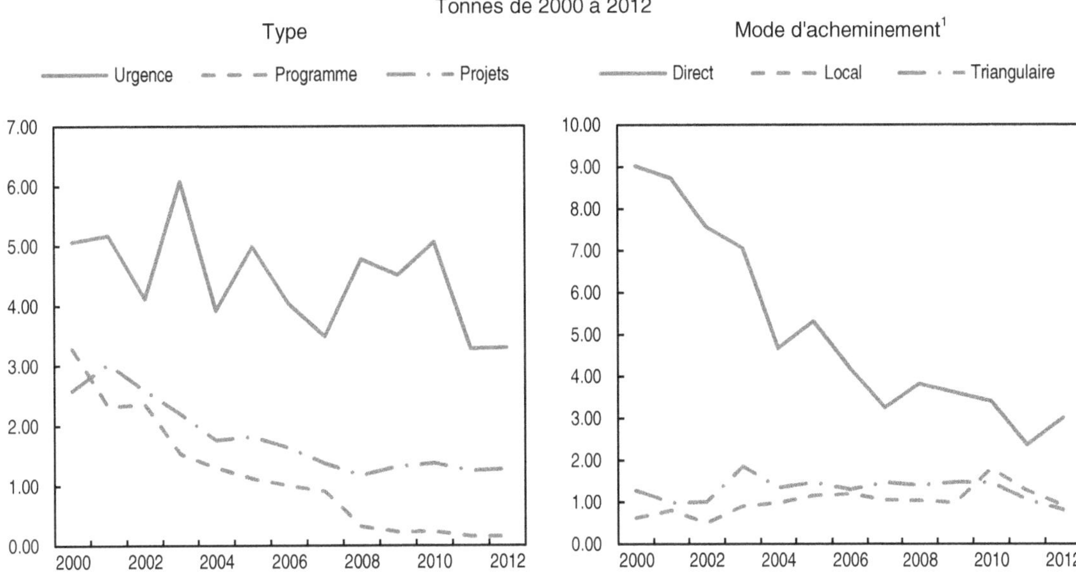

1. L'aide directe correspond aux transferts directs de denrées alimentaires, l'aide locale aux fonds octroyés pour l'achat de produits alimentaires sur le marché local et l'aide triangulaire aux achats d'aliments par le pays donneur dans des pays tiers, avant leur acheminement vers le pays destinataire.

Source : WFP INTERFAIS (www.wfp.org/fais/).

En ce qui concerne le commerce d'État, des travaux récents de l'OCDE tendent à montrer qu'en général, les entreprises commerciales d'État importatrices et exportatrices entrent de plus en plus en concurrence avec les entreprises privées (OCDE, 2015e). Bien qu'elles ne soient pas toutes spécialisées dans l'agriculture, les entreprises ayant répondu à l'enquête menée par l'OCDE sur l'influence de l'État sur la concurrence et les marchés internationaux (*OECD Business Survey on State Influence on Competition in International Markets)* estiment que certaines entreprises commerciales d'État peuvent tirer parti de différents avantages propres à leur statut public et influencer les marchés (en limitant les ventes, en particulier).

Selon l'OMC, 20 de ses membres ont déclaré posséder un total de 77 entreprises commerciales d'État exportatrices de produits agricoles (OMC, 2014b ; Díaz-Bonilla et Harris, 2014). Les pays présentant le plus grand nombre d'entreprises commerciales d'État sont la Chine (25), l'Inde (14) et la Colombie (14). Les principaux produits concernés sont le tabac (21 entreprises commerciales d'État), les produits classés « divers » (20) et les fruits et légumes (14)[9].

Dans le domaine des crédits à l'exportation, il existe peu d'informations sur l'ampleur des mesures appliquées par les pays. Lors d'une enquête récente auprès de ses pays membres sur la concurrence à l'exportation, l'OMC n'a recueilli que 36 réponses (dont une au nom de l'Union européenne) à des questions sur les crédits à l'exportation (OMC, 2016a). Sur les 36 pays ayant répondu, 13 ont fourni des détails sur leur dispositif de crédit à l'exportation. Lorsqu'ils ont également apporté des données chronologiques sur leurs dépenses, des tendances divergentes sont apparues – les dépenses sont en augmentation dans certains et en diminution dans d'autres (OMC, 2016b).

Restrictions des exportations

Les dispositifs actuels sur la concurrence à l'exportation ne portent pas sur les restrictions à l'exportation de produits agricoles, mais certains pays utilisent celles-ci dans le but d'atteindre des objectifs de leur politique intérieure. Comme il a été expliqué plus haut, les restrictions et interdictions visant les exportations ont parfois été utilisées temporairement en réaction à l'envolée des prix alimentaires de 2007-08 (tableau 2.4). Cependant, l'utilisation de telles mesures a eu et continue d'avoir des incidences sur le commerce de différents produits, à des degrés divers.

Tableau 2.5. Restrictions à l'exportation de produits agricoles

de 2007 à 2011

	Nombre de pays	Nombre de restrictions	Part moyenne de la production de 2004-06	Part de la production	Part moyenne des exportations de 2004-06	Part des exportations
			2007			
Riz	3	13	0.27	0.28	0.34	0.31
Blé	5	14	0.28	0.29	0.24	0.24
Maïs	1	3	0.03	0.03	0.16	0.15
Autres céréales	2	4.5	0.09	0.08	0.18	0.18
Soja	1	1.5	0.19	0.21	0.13	0.18
Autres oléagineux	1	9	0.05	0.07	0.03	0.03
Huiles végétales	3	49.5	0.29	0.29	0.44	0.43
			2008			
Riz	8	39	0.71	0.71	0.52	0.48
Blé	8	16	0.46	0.48	0.3	0.33
Maïs	3	6.5	0.25	0.28	0.23	0.16
Autres céréales	3	4.5	0.12	0.12	0.26	0.31
Soja	2	2	0.26	0.22	0.14	0.08
Autres oléagineux	2	1.5	0.13	0.07	0.05	0.03
Huiles végétales	4	38	0.28	0.1	0.41	0.42
			2009			
Riz	5	17	0.54	0.52	0.25	0.13
Blé	3	6	0.3	0.34	0.12	0.05
Maïs	1	0.5	0.03	0.03	0.16	0.17
Autres céréales	2	1	0.05	0.05	0.19	0.21
Soja	2	0.5	0.26	0.27	0.14	0.14
Autres oléagineux	1	1	0.05	0.04	0.03	0.03
Huiles végétales	3	38	0.11	0.1	0.14	0.09
			2010			
Riz*	6	19	0.28	0.28	0.38	0.31
Blé	7	8	0.29	0.3	0.24	0.17
Maïs	4	3	0.04	0.05	0.18	0.21
Autres céréales	4	3.5	0.14	0.12	0.37	0.34
Soja	2	0.5	0.19	0.19	0.13	0.1
Autres oléagineux	3	3.5	0.04	0.05	0.01	0.03
Huiles végétales	5	17	0.27	0.3	0.41	0.4
			2011			
Riz*	3	4	0.04	0.04	0.05	0.05
Blé	6	6.5	0.13	0.15	0.22	0.31
Maïs	3	2	0.04	0.06	0.18	0.3
Autres céréales	3	4.5	0.14	0.16	0.37	0.5
Soja	2	1	0.19	0.19	0.13	0.1
Autres oléagineux	4	7.5	0.09	0.1	0.04	0.03
Huiles végétales	4	9.5	0.22	0.27	0.41	0.4

Notes : chaque code SH6 compte pour 1 lorsqu'une restriction dure plus de six mois et pour 0.5 lorsqu'elle dure moins de six mois. * Les données de 2010 et 2011 sur le riz excluent la Chine car le mode d'administration de ses licences n'était pas bien défini et, par conséquent, il n'est pas possible de déterminer si elles étaient restrictives ou non. Pour chaque année, la part moyenne de la production ou des exportations de 2004-06 fait référence aux pays ayant appliqué des mesures cette année-là. Les « autres oléagineux » comprennent les graines de coton, le colza, les graines de tournesol et les amandes de palme, selon le pays et l'année. Les « huiles végétales » comprennent l'huile de soja, l'huile de colza, l'huile de graines de tournesol, l'huile de coprah, l'huile de palmiste, l'huile de palme et l'huile de graine de coton, selon le pays et l'année. Les données ne sont disponibles ni pour tous les produits concernés, ni pour tous les pays. Voir OCDE (2014) pour plus de détails.

Source : OCDE (2014).

Les données recueillies par l'OCDE laissent supposer que le recours à de telles mesures a persisté entre 2007 et 2011 (tableau 2.5). Par ailleurs, ces restrictions à l'exportation (y compris les mécanismes fiscaux imposés par l'Argentine aux exportations) ont été appliquées à divers produits agroalimentaires exportés. Pour les années retenues dans le tableau 2.5, le nombre de pays est invariablement plus élevé dans les cas du riz et du blé. En ce qui concerne le nombre de restrictions, cependant, ce sont les huiles végétales qui arrivent en tête, devant le riz et le blé.

Lorsque l'analyse porte sur la proportion du total des échanges mondiaux concernée par les restrictions à l'exportation, les échanges de riz, de blé et d'huiles végétales sont encore les premiers. En moyenne, sur la période de cinq ans pour laquelle des données sont présentées, des restrictions à l'exportation ont été imposées par des pays représentant entre 21 % et 37 % des exportations totales de ces trois produits[10].

Notes

1. Pour de plus amples informations sur la base de données actualisées, rendez-vous sur www.gtap.agecon.purdue.edu/databases/v9/default.asp.

2. Dans une certaine mesure, les obstacles non tarifaires et internes et les autres types de disposition qui limitent les échanges agricoles entre deux pays se reflètent déjà dans les flux commerciaux et, somme toute, dans la part des exportations et des importations d'un pays donné. De ce fait, la présente analyse tient pour acquis que l'incidence des mesures de soutien interne et des mesures aux frontières est distincte de celle de barrières internes et non tarifaires non prises en compte ici. De surcroît, comme le type de modèle d'équilibre général employé ne permet pas la création de nouveaux flux commerciaux bilatéraux – à supposer qu'il ne dépende que du prix, le potentiel d'échange existe (en d'autres termes, s'il n'existait aucun échange d'un produit particulier entre deux pays donnés avant la réforme, il n'y en aurait pas non plus après) –, les raisons de l'absence d'échanges sont présumées ne pas être liées au prix, mais plutôt en partie aux frictions modélisées dans les échanges internationaux.

3. La publication *OECD/FAO Outlook* présente tous les ans de nouvelles projections à moyen terme. Elle est disponible à l'adresse suivante : http://www.agri-outlook.org/fr/.

4. Les estimations représentent les taux de croissance annuels composés respectifs, en valeur réelle, des importations et des exportations de produits agricoles, à partir des données de Comtrade sur la période comprise en 1994 et 2013.

5. Habituellement utilisé pour mesurer la concentration des revenus, le coefficient de Gini représente, lorsqu'il est égal à 1, une situation de concentration absolue, avec un seul exportateur ou importateur, et, lorsqu'il est égal à 0, une situation où tous les exportateurs ou importateurs ont une part identique du marché.

6. La notification des données par les pays membres de l'OMC complique la mise en évidence de l'évolution du niveau des droits de douane appliqués. Elle varie sensiblement de l'un à l'autre, ce qui donne lieu à des écarts pour chaque année donnée. Ces écarts ont une influence sur les résultats obtenus. Les résultats représentent le nombre de lignes tarifaires pour lesquelles le taux notifié des droits de douane appliqués est 10 ou 25 fois supérieur à la moyenne mondiale simple. Les taux appliqués aux contingents tarifaires ou hors contingent ne sont pas spécifiquement indiqués.

7. Dans les données, la Corée fait exception, puisque les importations de maïs sont abondantes alors que les droits de douane sont élevés. Cependant, une grande partie de ces importations est opérée en franchise de droits du fait de l'application de contingents tarifaires et, à ce titre, leur valeur n'est pas prise en compte dans le tableau 3. De même, la Corée importe des compléments

alimentaires pour animaux, des racines fourragères et des mélanges d'aliments dans des conditions semblables. Or, comme la nature des données ne permet pas de séparer ces importations, il y a lieu de penser que la proportion des échanges concernée est surévaluée.

8. Dans le cadre de l'OMC, les pays en développement importateurs nets de produits alimentaires sont un groupe de pays dont l'approvisionnement en nourriture est tributaire des importations. Les pays de ce groupe peuvent bénéficier de l'aide alimentaire, conformément aux mesures prévues par la *Décision ministérielle de Marrakech sur les mesures concernant les effets négatifs possibles du programme de réforme sur les pays les moins avancés et les pays en développement importateurs nets de produits alimentaires*. La composition de ce groupe a varié avec le temps. Depuis la dernière mise à jour, en 2012, il comporte tous les pays les moins avancés tels qu'ils sont définis par les Nations Unies, auxquels s'ajoutent 31 autres pays (document OMC n° G/AG/5/Rev.10, 23 mars 2012, www.wto.org/french/tratop_f/agric_f/ag_work_f.htm).

9. Les données sur les entreprises d'État aux termes de l'article XVII du GATT de 1994 ne sont pas toujours transmises de manière exhaustive ou en temps voulu, ce qui tend à nuire à l'exactitude des résultats.

10. La part moyenne des exportations qui sert de référence est calculée sur la période de trois ans allant de 2004 à 2006. Pendant cette période, la plupart des pays n'avaient pas encore commencé à limiter les exportations. Le choix d'une moyenne sur trois ans pour la production et les exportations permet de minimiser les effets des particularités de chaque année, notamment climatiques. Pour les pays et les produits représentés, la période allant de 2004 à 2006 est présumée représentative d'une année « typique » avant l'utilisation plus fréquente des restrictions à l'exportation, entre 2007 et 2011. Pour de plus amples informations, consulter OCDE (2014).

Références

Abbot, P. (2010), « Stabilisation Policies in Developing Countries after the 2007-08 Food Crisis », document de travail, Forum mondial sur l'agriculture : politiques de développement agricole, de réduction de la pauvreté et de sécurité alimentaire, 29-30 novembre 2010, Paris.

Anderson, K. et E. Valenzuela (2013), *Estimates of Distortions to Agricultural Incentives, 1955-2011 (updated June 2013)*, Banque mondiale, Washington, DC, disponible à l'adresse : www.worldbank.org/distortions.

Anderson, K. et S. Nelgen (2013), *Updated Database of National and Global Distortions to Agricultural Incentives, 1955 to 2011*, Banque mondiale, Washington, DC.

Anderson, K., M. Ivanic et W. Martin (2014), « Food Price Spikes, Price Isolation, and Poverty », *Policy Research Working Paper*, n° 7011, Banque mondiale, Washington, DC.

Banque mondiale (2012), *Distortions to Agricultural Incentives*, Banque mondiale, Washington, DC, disponible à l'adresse : http://go.worldbank.org/5XY7A7LH40.

Brink, L. (2014), *Commitments under the WTO Agreement on Agriculture and the Doha Draft Modalities: How do they Compare to Current Policy?*, document de travail, Forum mondial de l'OCDE sur l'agriculture. Questions soulevées par la politique commerciale appliquée à l'agriculture, 2 décembre 2014, Paris.

CGIAR (2015), *Research Program on Climate Change, Agriculture and Food Security, and CCAFS*, CGIAR, Montpellier, https://cgspace.cgiar.org/rest/bitstreams/62364/retrieve.

Clay, E. (2012), « Trade Policy Options for Enhancing Food Aid Effectiveness », *Issue Paper 41*, Centre international de commerce et de développement durable, Genève, http://fr.ictsd.org/.

Clay, E. (2014), « Trade Policy Options for Enhancing Food Aid Effectiveness: Revisiting the Draft Doha Deal », in Meléndez-Ortiz, R., C. Bellmann et J. Hepburn (dir. pub.), *Tackling Agriculture in the Post-Bali Context*, Centre international de commerce et de développement durable, Genève.

Commission européenne (2013), Règlement d'exécution (UE) n° 689/2013 de la Commission du 18 juillet 2013 fixant les restitutions à l'exportation dans le secteur de la viande de volaille, *Journal officiel de l'Union européenne*, L 196/13, 19 juillet 2013, pp. 13-15.

Demeke, M., G. Pangrazio et M. Maetz (2008), *Country Responses to the Food Security Crisis: Nature and Preliminary Implications of the Policies Pursued*, Agricultural Policy Support Service, FAO, Rome.

Díaz-Bonilla, E. et J. Harris (2014), Export Subsidies and Export Credit, *in Tackling Agriculture in the Post-Bali Context,* Centre international de commerce et de développement durable, Genève.

Disdier, A-C., L. Fontagné et M. Mimouni (2008), « The Impact of Regulations on Agricultural Trade: Evidence from the SPS and TBT Agreements », *American Journal of Agricultural Economics*, vol. 90, n° 2, Oxford University Press, Oxford, pp. 336-350.

FAO Stat. (2016), *FAOSTAT*, Food and Agriculture Organization of the United Nations Statistics Division, Rome, http://faostat3.fao.org/home/E.

Galtier, F., B. Vindel et P. Timmer (2013), « Gérer l'instabilité des prix alimentaires dans les pays en développement : une analyse critique des stratégies et des instruments », Agence française de développement, Paris.

Gouel, C. (2014), « Trade Policy Coordination and Food Price Volatility », *CEPII Working Paper*, n° 2014, n° 23, CEPII, Paris.

Headey, D. (2011), « Rethinking the Global Food Crisis: The Role of Trade Shocks », *Food Policy*, vol. 36, Elsevier, Amsterdam, pp. 136-46.

IMF IFS database (2016), *IMF Data*, International Monetary Fund, Washington D.C. www.imf.org/en/Data.

Li, Y. et J.C. Beghin (2012), « A Meta-Analysis of Estimates of the Impact of Technical Barriers to Trade », *Journal of Policy Modeling*, vol. 31, n° 6, Elsevier, Amsterdam, pp. 497-511.

Nations Unies (2016), *United Nations Framework Convention on Climate Change*, United Nations, New York City, http://unfccc.int/paris_agreement/items/9485.php

Naylor, R. L. et W. P. Falcon (2010), « Food Security in an Era of Economic Volatility », *Population and Development Review*, vol. 35, n° 4, Wiley, New Jersey, pp. 693-723.

OCDE Stat (2016), *OCDE Agriculture Statistics*, Organisation pour la Cooperation et le Développement Economique, Paris, http://stats.oecd.org/BrandedView.aspx?oecd_bv_id=agr-data-en&doi=83ff9179-en.

OCDE (2008a), « La hausse des prix alimentaires : causes et conséquences », *Cahier de politique économique de l'OCDE*, Éditions OCDE, Paris, www.oecd.org/fr/echanges/echanges-agricoles/40926060.pdf.

OCDE (2008b), « Élaboration et mise en œuvre des politiques agricoles : une synthèse », *in* van Tongeren, F. (dir. pub.), *Documents de l'OCDE sur l'alimentation, l'agriculture et les pêcheries*, n° 7, Éditions OCDE, Paris, http://dx.doi.org/10.1787/243786286663.

OCDE (2009), « Development Dimensions of High Food Prices », *in* Abbott, P. (dir. pub.), *Documents de l'OCDE sur l'alimentation, l'agriculture et les pêcheries*, n° 18, Éditions OCDE, Paris, http://dx.doi.org/10.1787/222521043712.

OCDE (2010), « Mesures prises dans les économies émergentes face aux flambées des cours internationaux des produits agricoles de base », *in* Jones, D. et A. Kwieciński (dir. pub.), *Documents de l'OCDE sur l'alimentation, l'agriculture et les pêcheries*, nº 34, Éditions OCDE, http://dx.doi.org/10.1787/5km6c60xbfhk-fr.

OCDE (2012), *Evaluation of Agri-environmental Policies: Selected Methodological Issues and Case Studies*, Éditions OCDE, Paris, http://dx.doi.org/10.1787/9789264179332-en.

OCDE (2013), « The Impact of Regional Trade Agreements on Trade in Agricultural Products », *in* Bureau, J. et S. Jean (dir. pub.), *Documents de l'OCDE sur l'alimentation, l'agriculture et les pêcheries*, n° 65, Éditions OCDE, Paris, http://dx.doi.org/10.1787/5k3xznkz60vk-en.

OCDE (2014), « How Export Restrictive Measures Affect Trade in Agricultural Commodities », *in* Liapis, P. (dir. pub.), *Export Restrictions in Raw Materials Trade: Facts, Fallacies and Better Practices*, Paris. www.oecd.org/tad/benefitlib/export-restrictions-raw-materials.htm

OCDE (2015a), « Regional Trade Agreements and Agriculture », *Documents de l'OCDE sur l'alimentation, l'agriculture et les pêcheries*, n° 79, Éditions OCDE, Paris, http://dx.doi.org/10.1787/5js4kg5xjvvf-en.

OCDE (2015b), *Politiques agricoles : suivi et évaluation 2015,* Éditions OCDE, Paris, http://dx.doi.org/10.1787/agr_pol-2015-fr.

OCDE (2015c), *Issues in Agricultural Trade Policy: Proceedings of the 2014 OECD Global Forum on Agriculture*, Éditions OCDE, Paris, http://dx.doi.org/10.1787/9789264233911-en.

OCDE (2015d), *Managing Food Insecurity Risk: Analytical Framework and Application to Indonesia*, Éditions OCDE, Paris, http://dx.doi.org/10.1787/9789264233874-en.

OCDE (2015e), « International Trade and Investment by State Enterprises », *OECD Trade Policy Papers*, Kowalski, P. et K. Perepechay (dir. pub.), Éditions OCDE, Paris, http://dx.doi.org/10.1787/5jrtcr9x6c48-en.

OCDE/Organisation des Nations Unies pour l'alimentation et l'agriculture (2015), *Perspectives agricoles de l'OCDE et de la FAO 2015*, Éditions OCDE, Paris, http://dx.doi.org/10.1787/agr_outlook-2015-fr.

OMC (2011), *Rapport sur le commerce mondial 2011. L'OMC et les accords commerciaux préférentiels : de la coexistence à la cohérence*, OMC, Genève.

OMC (2014a), « Examen annuel de la concurrence à l'exportation. Communication présentée par le Groupe de Cairns à la 74ème réunion du Comité de l'agriculture en juin 2014 », document G/AG/W/129, 2 juin 2014, OMC, Genève.

OMC (2014b), « Subventions à l'exportation, crédits à l'exportation, garanties de crédit à l'exportation ou programmes d'assurance, aide alimentaire internationale et entreprises commerciales d'état exportatrices de produits agricoles », document de base du Secrétariat, G/AG/W/125 et annexes, 21 mai 2014, OMC, Genève.

OMC (2016a), « Subventions à l'exportation, crédits à l'exportation, garanties de crédit à l'exportation ou programmes d'assurance, aide alimentaire internationale et entreprises commerciales d'État exportatrices de produits agricoles », document de base du Secrétariat, document G/AG/W/125/Rev.4, 11 mai 2016, OMC, Genève.

OMC (2016b), « Subventions à l'exportation, crédits à l'exportation, garanties de crédit à l'exportation ou programmes d'assurance, aide alimentaire internationale et entreprises commerciales d'État exportatrices de produits agricoles », document de base du Secrétariat, document G/AG/W/125/Rev.4/Add.2, 11 mai 2016, OMC, Genève.

OMC (2015), *Paquet de Nairobi*, WTO, Geneva, www.wto.org/english/thewto_e/minist_e/mc10_e/nairobipackage_e.htm.

OMC base de données ACR (2016), *Regional Trade Agreements Information System (RTA-IS)*, WTO, Geneva, http://rtais.wto.org/UI/PublicMaintainRTAHome.aspx.

PAM INTERFAIS (2016), *Food Aid Information System*, Programme Alimentaire Mondiale, Rome, www.wfp.org/fais/.

Piesse, J. et C. Thirtle (2009), « Three Bubbles and a Panic: And Explanatory Review of Recent Food Commodity Price Events », *Food Policy*, vol. 34, Elsevier, Amsterdam, pp. 119-29. Winchester, N. (2009), « Is There a Dirty Little Secret? Non-Tariff Barriers and the Gains from Trade », *Journal of Policy Modeling*, vol. 31, n° 6, Elsevier, Amsterdam, pp. 819-834.

WITS (2016), *World Integrated Trade Solution*, The World Bank, Washington D.C. , http://wits.worldbank.org/default.aspx.

Chapitre 3

Effets des politiques agricoles actuelles et conséquences potentielles d'une réforme

Le présent chapitre examine les effets sur les marchés et sur les pays des politiques en vigueur en matière d'échanges agricoles et de soutien interne à l'agriculture, ainsi qu'un certain nombre de scénarios de réforme ou de renforcement des mesures de protection. Il commence par décrire la méthode de modélisation adoptée dans l'étude. Il indique ensuite quels sont les effets des politiques actuelles sur la production, sur les échanges et sur l'économie. Dans un troisième temps, il se penche de plus près sur les conséquences des politiques actuelles sur les différents marchés et prix agricoles internationaux. Pour finir, il passe en revue divers scénarios de réforme multilatérale envisageables, dont un qui postule un renforcement des mesures de protection. Ce chapitre parvient aux conclusions suivantes.

3.1 Introduction

La modélisation des effets exercés par l'action publique sur les marchés et sur l'activité économique impose quel que soit le cas de figure la formulation d'un certain nombre d'hypothèses. La tâche est rendue d'autant plus complexe par les spécificités des politiques appliquées ou par un manque d'informations sur leurs effets économiques. L'analyse des effets de l'action publique s'en trouve souvent restreinte à un ensemble limité de variables. La présente étude n'échappe pas à la règle. Cet ensemble plus restreint de mesures n'en a pas moins connu des évolutions notables qui, associées aux mutations observées sur les marchés, justifie un réexamen des distorsions pouvant en résulter sur les marchés agricoles.

Le présent chapitre décrit la méthode de modélisation adoptée et les résultats de l'évaluation des politiques agricoles actuelles, ainsi qu'un certain nombre de scénarios de réforme.

3.2. Modélisation des effets des politiques agricoles et des conséquences potentielles d'une réforme

La modélisation des effets de l'action publique et des scénarios de réforme porte essentiellement sur les mesures aux frontières (droits de douane, quotas, et taxes et subventions à l'exportation), ainsi que sur les mesures de soutien interne (encadré 3.1). Les effets d'équilibre général des politiques et de la réforme sont étudiés à l'aide du modèle METRO de l'OCDE (encadré 3.2). Celui-ci est un modèle d'équilibre général calculable (MEGC) destiné à l'analyse des politiques commerciales. Les effets exercés sur les prix mondiaux et sur les flux commerciaux observés sur les marchés sont examinés à l'aide du modèle AGLINK-COSIMO de l'OCDE et de la FAO.

Encadré 3.1. Quelles sont les mesures représentées dans le modèle ?

Les mesures explicitement modélisées dans les scénarios examinés dans cette étude incluent :

- le soutien interne à l'agriculture sous forme de subventions/taxes au titre des superficies
- le soutien interne à l'agriculture sous forme de subventions/taxes au titre de la main-d'œuvre
- le soutien interne à l'agriculture sous forme de subventions/taxes au titre des intrants utilisés à des fins de production agricole
- le soutien interne à l'agriculture sous forme de subventions/taxes au titre des volumes produits
- les droits de douane et les équivalents *ad valorem* de toutes les mesures de contingentement auxquels sont assujettis les produits agroalimentaires et certains produits agricoles transformés (produits laitiers, sucre et matières grasses végétales)
- les subventions à l'exportation de produits agricoles et de certains produits agricoles transformés (produits laitiers, sucre et matières grasses végétales).

Le modèle METRO répartit les biens produits et consommés en fonction de leur utilisation — consommation intermédiaire, des ménages, des administrations ou de capitaux. Cette différenciation de l'offre de produits et des flux commerciaux consécutifs en fonction de la catégorie d'utilisation renforce la capacité à décrire et analyser, entre autres, les chaînes de valeur mondiales au travers des variations relatives des échanges de biens intermédiaires/finaux, ce qui offre une compréhension plus nuancée des retombées possibles de la réforme des politiques commerciales.

Le modèle comporte plusieurs éléments relatifs à l'accès au marché (droits de douane et équivalents tarifaires) et au soutien interne, ce qui le rend particulièrement adapté à une analyse de la réforme des politiques agricoles. La structure du modèle est décrite en détail dans un document de l'OCDE (2015).

La base de données METRO utilisée dans cette étude s'appuie sur la base de données GTAP 9 et prend pour référence l'année 2011. Aussi toutes les estimations qui en sont issues sont-elles exprimées en

USD constants de 2011. Pour cette analyse, la balance des paiements d'un pays est supposée demeurer constante après le choc induit par la réforme de l'action publique. Autrement dit, toute variation du prix des exportations ou des importations est compensée par un ajustement du taux de change réel. Le solde des opérations des administrations publiques est par hypothèse constant et le montant des dépenses est préétabli. Les variations des revenus sont compensées par une modification des taux d'imposition qui leur sont appliqués. L'investissement demeure constant en volume et l'épargne s'y ajuste, et tous les facteurs sont pleinement employés et parfaitement mobiles d'un secteur à l'autre.

Encadré 3.2. Description du modèle METRO

Le modèle relatif aux échanges élaboré par l'OCDE, METRO, est un modèle d'équilibre général calculable (MEGC) dérivé du MEGC GLOBE, lui-même fondé sur une matrice de comptabilité sociale (MCS) et élaboré par Scott McDonald, Karen Thierfelder et Terrie Walmsley (McDonald *et al.*, 2013) à l'aide du logiciel GAMS. Le modèle descend directement d'un modèle antérieur du ministère américain de l'Agriculture (Robinson *et al.*, 1990) et de l'ALENA (Robinson *et al.*, 1993), et suit les principes commerciaux du modèle 1-2-3 (de Melo et Robinson, 1989 ; Devarajan *et al.*, 1990). Concrètement, ces modèles classent les secteurs d'une économie entre biens échangeables et non échangeables et mettent en lien les prix intérieurs et internationaux à travers les secteurs de produits échangeables. Le calibrage du modèle est effectué à partir d'une version de la base de données GTAP enrichie avec une MCS (pour la v8, voir Narayanan *et al.*, 2012).

La nouveauté et la force de METRO résident dans la structure détaillée des échanges et dans la différenciation des biens produits et consommés selon leur utilisation — consommation intermédiaire, des ménages, de l'administration ou de capitaux. Cette différenciation de l'offre de produits et des flux commerciaux consécutifs en fonction de la catégorie d'utilisation renforce la capacité à décrire et analyser, entre autres, les chaînes de valeur mondiales (CVM). Par ailleurs, cette structure permet de modéliser les instruments d'action visant une catégorie particulière d'utilisation, par exemple, les restrictions liées aux ressources, les exigences de contenu local et consommation des administrations.

Le modèle repose sur une série de matrices MCS régionales, dérivées de la base de données GTAP et connectées par des relations commerciales. Cette base de données permet d'identifier les acteurs (ménages, unités de production et administrations) et sert de base au calibrage du modèle. En outre, la base de données comporte une série d'élasticités, notamment les élasticités de substitution, régissant l'interaction des importations ou des exportations avec les produits nationaux, l'élasticité constante de substitution (CES), l'élasticité des fonctions de production, l'élasticité de la demande par rapport au revenu et le paramètre de Frisch (utilité marginale du revenu). Enfin, la base de données contient des informations sur les taxes et les droits de douane par pays et par couple de pays entretenant des relations bilatérales.

Source : OCDE (2015), www.oecd.org/officialdocuments/publicdisplaydocumentpdf/?cote=TAD/TC/WP(2014)24/FINAL&docLanguage=En.

Scénarios examinés

Pour évaluer les effets des politiques actuelles et de leurs réformes, trois scénarios ont été examinés.

1. Évaluation des **effets actuels** des politiques publiques : ce scénario étudie les conséquences de l'application des droits de douane, des quotas, des subventions à l'exportation et des mesures de soutien interne à l'origine de distorsions de la production aujourd'hui en vigueur (voir l'encadré 3.1), pour l'ensemble des marchés agricoles (23 régions, 26 secteurs et 9 facteurs de valeur ajoutée ont été modélisés – pour une liste exhaustive, voir l'annexe 3.A1). L'analyse prend 2011 pour année de référence, aussi le scénario représente-t-il les politiques et les conditions du marché à cette période, sauf dans le cas des subventions à l'exportation de l'Union européenne, qui sont supposées nulles (cela vaut également pour les scénarios décrits aux points ii et iii). La simulation prend la forme d'un scénario hypothétique reposant sur l'abandon de toutes les mesures agroalimentaires. Elle ne couvre pas les modifications des autres politiques, telles que les mesures non tarifaires, les obstacles internes aux échanges, les restrictions à l'exportation, les crédits à l'exportation ou le commerce d'État.

2. Examen des effets d'une éventuelle **réforme de la politique commerciale et des politiques internes** au moyen d'un accord multilatéral, au sein de l'OMC, sur l'amélioration de l'accès aux marchés ou la réduction du soutien interne. La suppression totale des droits de douane sur les produits agricoles et le démantèlement de l'intégralité du soutien interne seraient un objectif

irréaliste pour un éventuel projet de réforme multilatérale. Il y a cependant tout lieu d'espérer qu'une certaine réforme est possible dans ces domaines. Tout en n'ayant nullement pour objet d'évaluer les modalités spécifiques des initiatives passées en la matière, ou de celles qui pourraient être envisagées à l'avenir, l'examen d'un scénario de réforme stylisé pourrait offrir certaines indications sur les effets potentiels d'une réforme multilatérale. Ce scénario représente une situation dans laquelle un effort modeste est consenti pour limiter les distorsions des marchés agricoles dans le cadre du système commercial multilatéral. Il décrit les modifications apportées aux obstacles aux frontières (droits de douane et quotas) et au soutien interne. Le succès déjà obtenu lors de la CM10, en l'occurrence l'abandon des subventions à l'exportation (voir l'encadré 3.3 pour plus de précisions), est partiellement pris en compte, à ceci près que les subventions de l'Union européenne ont déjà été supprimées de la base de données. Le scénario de réforme postule que :

- Les droits de douane (et les équivalents tarifaires des quotas et des contingents tarifaires) applicables à tous les produits agroalimentaires dans les pays développés (à l'exception du Japon) sont uniformément réduits de 50 %, de même que le soutien interne[1]. Les subventions à l'exportation sont le cas échéant supposées égales à zéro. Dans certains pays développés, l'ampleur de la réforme est plus limitée dans quelques secteurs :
  - Les droits de douane (et les équivalents tarifaires des quotas et des contingents tarifaires) applicables à tous les produits agroalimentaires au Japon sont uniformément réduits de 25 %, de même que le soutien interne. Le riz bénéficie d'un traitement dérogatoire et n'est soumis qu'à une réduction de 5 %.
  - Aux États-Unis, le sucre bénéficie d'un traitement dérogatoire et n'est soumis qu'à une réduction de 5 %.
  - Au Canada, les produits laitiers bénéficient d'un traitement dérogatoire et ne sont soumis qu'à une réduction de 5 %.
  - Les droits de douane (et les équivalents tarifaires des quotas et des contingents tarifaires) applicables à tous les produits agroalimentaires dans tous les autres pays sont uniformément réduits de 10 %, de même que le soutien interne. Les subventions à l'exportation sont, le cas échéant, supposées égales à zéro.
- Une extension de ce scénario correspondant à une situation où les pays en développement appliqueraient les mêmes taux de réduction que les pays développés — c'est-à-dire des réductions de 50 % et non plus de 10 % — est par ailleurs étudiée. On lui donnera le nom de **« réforme généralisée »**.

3. Examen des répercussions d'un scénario de **« dérive de l'action publique »** comparant les conséquences de l'obtention d'un accord verrouillant les niveaux actuels d'*accès aux marchés* et de *soutien interne effectivement appliqués* à celles d'une intensification des interventions sur les marchés agroalimentaires (qu'elle prenne la forme d'une plus grande réduction de l'accès aux marchés ou d'un renforcement des formes de soutien entraînant des distorsions de la production et des échanges). Ce scénario représente de fait un accord de suppression de l'écart entre les niveaux tarifaires consolidés et ceux effectivement appliqués, et il gèle les niveaux actuels de soutien interne — autrement dit, il maintient le *statu quo* en matière d'échanges agricoles et de soutien interne à l'agriculture. Le scénario de dérive de l'action publique correspond donc à une situation où les droits de douane (et les équivalents tarifaires des quotas et des contingents tarifaires) sur les produits agroalimentaires sont relevés de 25 % en République populaire de Chine (ci-après dénommée « Chine »),[2] en Indonésie, en Inde, en Malaisie et dans la Fédération de Russie, le soutien interne étant dans le même temps supposé enregistrer une augmentation proportionnelle aux variations de l'ESP observées au cours de la période allant de 2011 à 2014 en Chine et en Indonésie (leur valeur moyenne étant appliquée aux trois autres pays, faute de

mesures de l'ESP disponibles). Pour tous les autres pays, le *statu quo* est maintenu. Les conséquences sont notamment les suivantes :

- Pour la Chine, où l'ESP est passée de 10.3 % à 20.2 %, une augmentation de 100 % des subventions à la production est appliquée. Le soutien interne au titre des intrants est relevé de 30 % conformément aux variations effectivement constatées.
- Pour l'Indonésie, où l'ESP est passée de 15.1 % à 23.3 %, une augmentation de 54 % des subventions à la production et aux intrants est appliquée.
- Pour ce qui est de la Fédération de Russie, où l'ESP accuse un recul de 14.9 % à 8.9 %, les subventions à la production et aux intrants restent inchangées, ce qui implique une augmentation du soutien interne de 67 % par rapport à son niveau en 2011.
- Dans le cas de l'Inde et de la Malaisie, l'augmentation moyenne de l'ESP pour l'ensemble du groupe est appliquée, soit en l'occurrence un accroissement de 50 % des subventions à la production et aux intrants agricoles.

Pour évaluer les effets actuels des politiques agricoles (scénario i), les modèles METRO et AGLINK-COSIMO ont tous deux été utilisés. Les autres scénarios de réforme ont été évalués à l'aide du modèle METRO. Le modèle AGLINK-COSIMO a quant à lui permis d'évaluer les effets sur les prix observés sur les principaux marchés de produits agricoles. Dans tous les scénarios, il a été procédé à une série de tests de sensibilité aux paramètres et aux hypothèses relatives à l'équilibre des marchés (voir les annexes pour plus de précisions).

Les récentes évolutions des marchés agricoles donnent du sens au scénario d'une dérive de l'action publique. L'ESP mesurée par l'OCDE pour certaines économies émergentes met en évidence une tendance à l'augmentation du soutien interne (comme cela a été relevé ci-dessus). De plus, les mesures récemment prises par des pays tels que l'Indonésie montrent que le risque d'une augmentation unilatérale des droits de douane appliqués à une série de produits agricoles est bien réel — du fait de la primauté accordée à l'autosuffisance par la politique interne de certains pays, par souci de sécurité alimentaire.

Encadré 3.3. Avantages d'un verrouillage de la suppression des subventions à l'exportation

Après l'accord sur les subventions à l'exportation atteint lors de la CM10 (encadré 2.4), il convient de se pencher sur les avantages potentiels offerts par les accords de suppression des subventions à l'exportation de produits agricoles. L'une des évolutions les plus marquantes auxquelles on ait assisté depuis 2001 a été la réduction, et même la suppression, d'un certain nombre de subventions à l'exportation. Cette évolution est pour partie une conséquence des prix élevés observés sur les marchés internationaux, mais aussi des réformes des politiques mises en œuvre. L'accord atteint au sein de l'OMC devrait encourager une poursuite des réformes en vue d'assurer une plus grande efficience des marchés mondiaux tout en contribuant à pérenniser le système commercial mondial. À un moment où les pressions sur les systèmes de production agricole redoublent d'intensité du fait de l'accroissement démographique, de l'évolution des goûts des consommateurs à mesure que leurs revenus augmentent, et des conséquences incertaines du changement climatique, un verrouillage de la décision de supprimer les subventions à l'exportation devrait offrir des avantages non négligeables et renforcer la résilience des marchés agricoles mondiaux, tout comme, en dernière analyse, celle des approvisionnements alimentaires sur l'ensemble de la planète.

Du fait du changement climatique et d'une demande en expansion, à l'avenir, davantage de consommateurs seront contraints de se procurer sur les marchés internationaux les produits nécessaires pour satisfaire leurs besoins alimentaires. Ils compteront pour ce faire sur la fourniture directe de biens de consommation finale, ou encore sur la livraison de produits intermédiaires aux chaînes de valeur mondiales. Les marchés mondiaux devront transmettre aux producteurs des signaux de prix favorisant la localisation des activités de production dans les régions où leur efficacité et leur durabilité sont optimales, de sorte qu'elles puissent s'ajuster et évoluer en fonction des changements climatiques. La suppression des subventions à l'exportation devrait aider à relever ces défis.

La meilleure manière d'évaluer dans quelle mesure la suppression des subventions à l'exportation contribue à relever les défis futurs auxquels seront confrontés les marchés agricoles consiste à examiner quels seraient les effets d'un retour aux niveaux de subventions à l'exportation en vigueur dans un passé récent. Si l'Union européenne, les États-Unis et le Canada devaient rétablir les niveaux de subventions à l'exportation appliqués en 2004, il en résulterait un certain nombre d'effets sur les marchés mondiaux. Comme nul ne s'en étonnera, les prix mondiaux de certains produits de base s'écrouleraient, on observerait une plus grande concentration de la production dans les pays qui la favoriseraient par des subventions, et les exportations en provenance des autres régions s'effondreraient, tout comme la production d'un certain nombre de produits.

Encadré 3.3. Avantages d'un verrouillage de la suppression des subventions à l'exportation (*suite*)

Graphique 3.1. Effets sur la production et sur les échanges de certains produits

Contribution à la variation globale en %

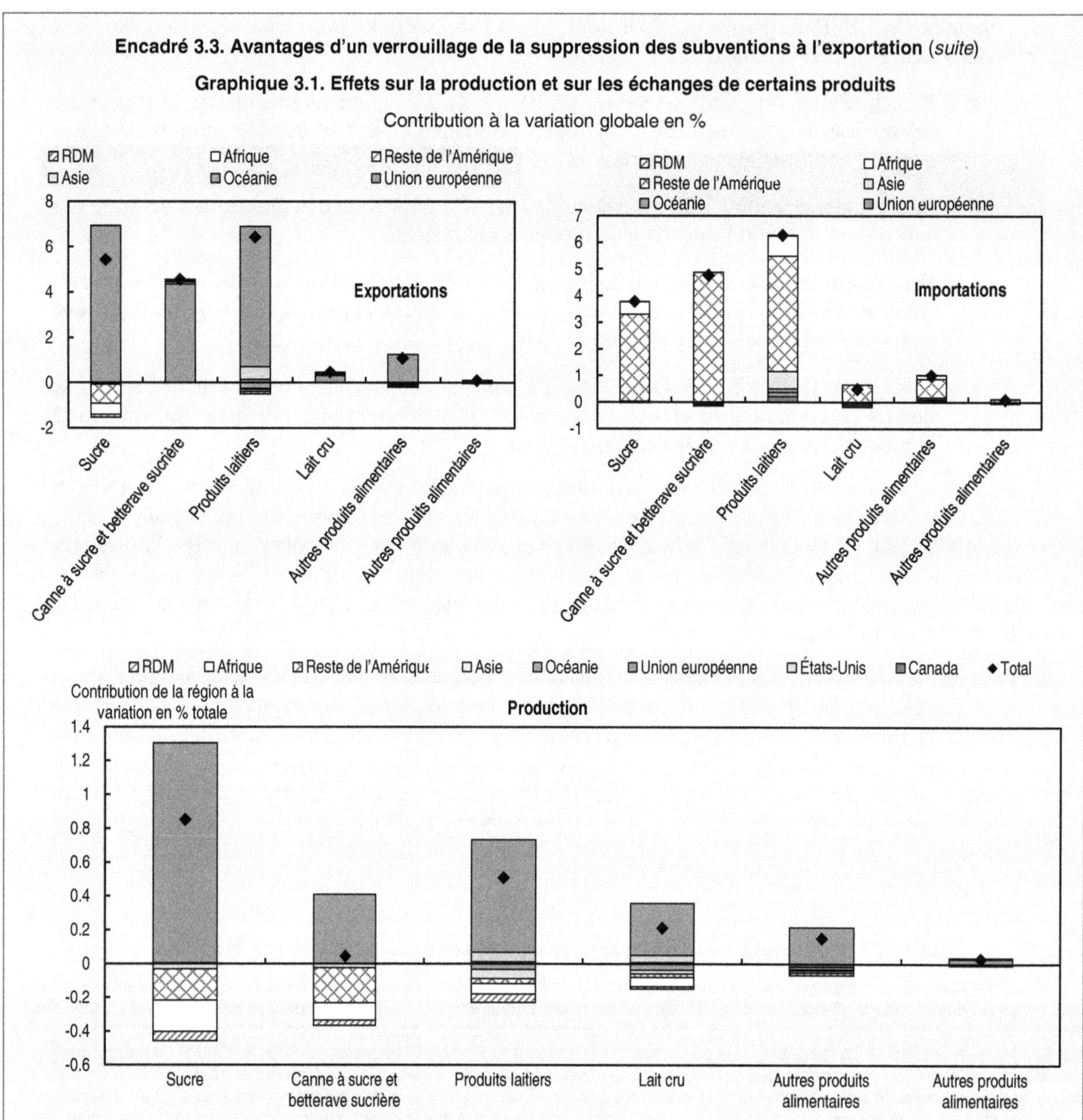

Les prix artificiellement bas limiteraient le développement de la production agricole dans un certain nombre de régions. À court terme, les consommateurs pourraient bénéficier de prix plus bas, mais à long terme, ils auraient à supporter les coûts entraînés par la renonciation à exploiter les possibilités de production offertes par des régions plus productives. Sans compter que les perspectives de croissance des revenus agricoles s'en trouveraient limitées, souvent dans des régions parmi les plus pauvres au monde. Produire davantage dans des régions où les coûts sont plus élevés rendrait par ailleurs le système alimentaire mondial globalement plus coûteux que ce ne pourrait être le cas.

Bien que les effets soient variables selon les marchés et selon les économies, il est par ailleurs probable, à court comme à long terme, que le recours aux subventions à l'exportation réduise la flexibilité des systèmes mondiaux de production et leur capacité à relever les défis lancés par le changement climatique et par une demande en expansion. L'octroi de subventions entraîne une plus grande concentration de la production dans certaines régions du monde et en réduit la sensibilité aux variations des prix.

Ces deux effets risquent d'accroître la vulnérabilité des approvisionnements mondiaux aux chocs de production d'ampleur régionale, qu'ils soient d'ordre climatique ou le résultat du jeu des marchés. En outre, les incitations créées entraînent un verrouillage des types de production aussi bien que des quantités produites. Par ailleurs, elles contrecarrent souvent l'augmentation de la productivité et l'innovation, les producteurs n'étant plus contraints de s'adapter pour rester compétitifs sur les marchés mondiaux.

Études antérieures de la réforme multilatérale des échanges agricoles après le cycle de négociations de Doha

Depuis l'ouverture du cycle de Doha, de nombreuses études ont déjà fourni une analyse des bénéfices possibles de la libéralisation de l'agriculture. En général, ces études reposent sur des modèles d'équilibre général calculable (MEGC) dont l'année de référence des calculs d'impact est 1997, 2001 ou 2004. Les études diffèrent de par le modèle spécifique qu'elles utilisent, la portée des réformes étudiées et les hypothèses de départ relatives aux facteurs du marché en jeu et aux élasticités des importations et des exportations. Une brève description des résultats de ces études antérieures est présentée ci-dessous.

Bouët et al. (2005) ont analysé les répercussions de la réforme multilatérale des échanges agricoles sur le commerce, les prix et le bien-être à partir des réformes possibles envisagées dans les résultats du cycle de négociations de 2004, qui n'ont pas été appliqués. Les auteurs ont présenté un certain nombre de nouvelles hypothèses de modélisation, qu'ils ont associées à une base de données actualisée reflétant plus fidèlement l'accès aux marchés, le soutien interne et les restrictions à l'exportation observables en 2004 — en intégrant en particulier des postulats relatifs aux droits de douane appliqués bilatéralement, au soutien interne (en ESP, OCDE) et aux transformations du marché du travail. Les deux premières évolutions ont désormais été incluses dans la base de données GTAP (et dans METRO, par voie de conséquence). Bouët et al. (2005) ont conclu que les bénéfices de la mise en œuvre des réformes des politiques commerciales appliquées à l'agriculture étaient beaucoup moins importants que ce que les autres études avaient constaté. Pour certains pays en développement, en particulier, les conséquences de la réforme sur le bien-être étaient soit faibles, soit négatives et les taux d'échanges augmentaient beaucoup moins que selon d'autres modèles. Les résultats s'expliquent par les faibles réductions effectives des droits de douane prévues par l'accord possible d'alors et par l'érosion de la préférence accordée à certains pays en développement.

Tokarick (2008) a présenté un bref résumé de plusieurs études mesurant les effets (sous la forme des variations du revenu réel) de la libéralisation des échanges agricoles sur le bien-être, à l'aide de modèles d'équilibre général calculable. Combiné à la propre analyse de l'auteur, cet examen met en lumière que :

- la réforme des droits de douane est la principale contribution de la libéralisation des échanges agricoles à la croissance du revenu réel, du fait d'un recours relativement faible aux subventions (les années de référence varient de 2001 à 1997), des conséquences économiques des droits de douane (subventions plus taxes à la consommation contre subventions seules) et d'une mise en œuvre plus large des droits de douane en vue de protéger les produits agricoles ;
- les avantages pour les flux d'échanges des pays en développement dépendent de leur situation commerciale nette (exportateurs nets ou importateurs nets) et de leurs propres initiatives en faveur d'une libéralisation. Francois *et al.* (2005) ont en effet constaté que la libéralisation était essentielle à la concrétisation des avantages que la réforme de la politique agricole peut apporter aux pays en développement.
- alors que, pour les pays en développement, les avantages de leur propre libéralisation sont variables (pouvant être inférieurs à ceux produits par les réformes des pays développés ou largement supérieurs), en général, la plupart des conséquences négatives issues de la libéralisation des pays développés peuvent être compensées par des réformes de leur propre régime de protection ;
- l'importance des retombées de la libéralisation agricole a été estimée en fonction du degré d'interchangeabilité entre les produits nationaux et internationaux : plus ils sont homogènes, plus les avantages de la libéralisation sont grands pour les pays en développement (ou moins les coûts sont élevés) ;
- dans la plupart des études, l'érosion des préférences pour les pays en développement n'a pas été jugée significative.

Anderson et al. (2011) ont également résumé les résultats de la réforme des politiques relatives au commerce de produits agricoles à partir des résultats du modèle LINKAGE. Ils ont montré que sur la base de la composition des échanges et des politiques de 2004, les pays développés étaient plus susceptibles que les autres de recueillir des bénéfices d'une réforme de la politique commerciale, mais que les revenus des exploitations agricoles augmenteraient dans les pays en développement, réduisant l'écart entre les salaires issus de l'agriculture et les autres. Une synthèse des conclusions des études mettant en relation les résultats des modèles d'équilibre général calculable et les données à l'échelle des ménages a démontré que les réformes du commerce de produits agricoles (et de marchandises en général) détenaient un fort potentiel de réduction de la pauvreté et des inégalités dans les pays en développement.

L'OCDE aussi a réalisé sa propre modélisation des réformes du commerce agricole et des marchés intérieurs. Un rapport exhaustif des retombées aux échelons des ménages, des pays et de la planète a été achevé en 2006 (OCDE, 2006). À partir des modèles AGLINK et GTAPEM, cette étude a conclu que les bénéfices pour le bien-être dans toute l'économie étaient susceptibles d'être ressentis par la majorité des différents pays et des régions analysés. L'ampleur des bénéfices d'une réforme multisectorielle, exprimée sous la forme de l'accroissement en pourcentage du PIB, est plus vaste en dehors de la zone de l'OCDE que l'augmentation du bien-être induite par la réforme dans la zone de l'OCDE. À l'échelle des ménages, les retombées ont été estimées plus importantes pour ceux fournissant de la main-d'œuvre à la production agricole commerciale. Pour les autres, qu'il s'agisse de ménages pratiquant une agriculture de subsistance ou dont les sources de revenus sont diversifiées, les interactions limitées avec le marché atténuent les répercussions de la réforme de la politique commerciale.

Certaines études se sont également penchées sur les avantages potentiels de l'obtention d'un accord, même s'il porte sur une réforme d'ampleur limitée. Bouët et Laborde (2009) suggèrent que, si un accord n'est pas trouvé, une dérive protectionniste des pays, qui les amènerait à porter leurs droits de douane au niveau de leurs tarifs consolidés, s'avérerait coûteuse, tant du point de vue des échanges qu'en termes de bien-être. Ces coûts pourraient être sensiblement atténués par la signature d'un accord, même modeste.

3.3. Effets des politiques agricoles actuelles

La présente section examine les effets sur les marchés agroalimentaires, sur les économies nationales et sur l'économie mondiale imputables aux politiques en matière d'échanges agricoles et de soutien interne à l'agriculture. Dans le cas de certains produits agricoles, la production est directement consommée et s'avère donc similaire à celle du secteur alimentaire. De même, certains produits alimentaires servent d'intrants à d'autres activités de production et ne constituent donc pas des biens finaux. Il n'est certes pas possible d'établir une distinction parfaite entre ces deux catégories, mais pour les besoins de cette étude le secteur de l'agriculture sera réputé correspondre *grosso modo* aux activités de production primaire et celui de l'alimentation à celles de transformation. Des précisions sont fournies au tableau 3.A2 (l'agriculture couvre les secteurs 1 à 10 et l'alimentation les secteurs 11 à 19).

Sur la production

Un certain nombre d'obstacles aux échanges et de politiques de soutien interne aujourd'hui en vigueur visent à promouvoir la production agricole. Beaucoup exercent pourtant sur celle-ci une pression à la baisse. D'après les estimations, dans un certain nombre de régions, la production serait plus élevée en l'absence des interventions actuelles, y compris pour certains pays appliquant des niveaux de soutien relativement importants, comme c'est le cas en Europe et en Indonésie (voir le graphique 3.2, ainsi que les informations plus précises sur les variations de la production par secteur et par région fournies au tableau 3.A2.1 de l'annexe 3.A2). Les raisons en sont variables, tout comme les effets spécifiques sur les activités de production. Elles sont liées à l'inégalité des niveaux de soutien et à l'évolution des prix qui ne manquerait pas d'avoir lieu sur les marchés mondiaux si tous les pays renonçaient à toutes leurs mesures en vigueur à l'origine de distorsions de la production.

Pour les producteurs agricoles qui ont recours à des niveaux de protection peu élevés, tels que l'Australie, la Nouvelle-Zélande, le Brésil et l'Afrique du Sud, les politiques appliquées dans d'autres pays ont une incidence non négligeable sur leur production. Par exemple, la production serait d'environ 10 % supérieure en Australie si les autres pays renonçaient aux mesures de soutien interne et à celles à l'origine de distorsions des échanges.

Cependant, dans certains pays, les politiques en matière d'échanges et de soutien interne contribuent véritablement à promouvoir la production intérieure. En Chine, au Japon, en Inde, au Mexique, dans la Fédération de Russie et dans la région Moyen-Orient et Afrique du Nord (MENA), les volumes globaux de production s'effondrent en cas d'abandon de ces politiques. Pour certains de ces pays, ce phénomène est principalement lié à l'élimination des mesures qui maintenaient à des niveaux plus élevés les prix intérieurs de certains produits et qui encourageaient ce faisant la production intérieure (comme au Japon et en Malaisie dans le cas du riz, au Canada dans celui du lait cru, et dans l'Union européenne pour ce qui est de la betterave sucrière). Pour d'autres, l'abandon des politiques de soutien interne et l'évolution des prix mondiaux se conjuguent pour induire des baisses de production (comme en Chine et en Inde). Dans les pays de la région MENA, une bonne partie des variations de la production sont imputables aux effets exercés sur les prix mondiaux.

Graphique 3.2. Effets de l'abandon des politiques actuelles sur la production agricole et alimentaire

variation en %

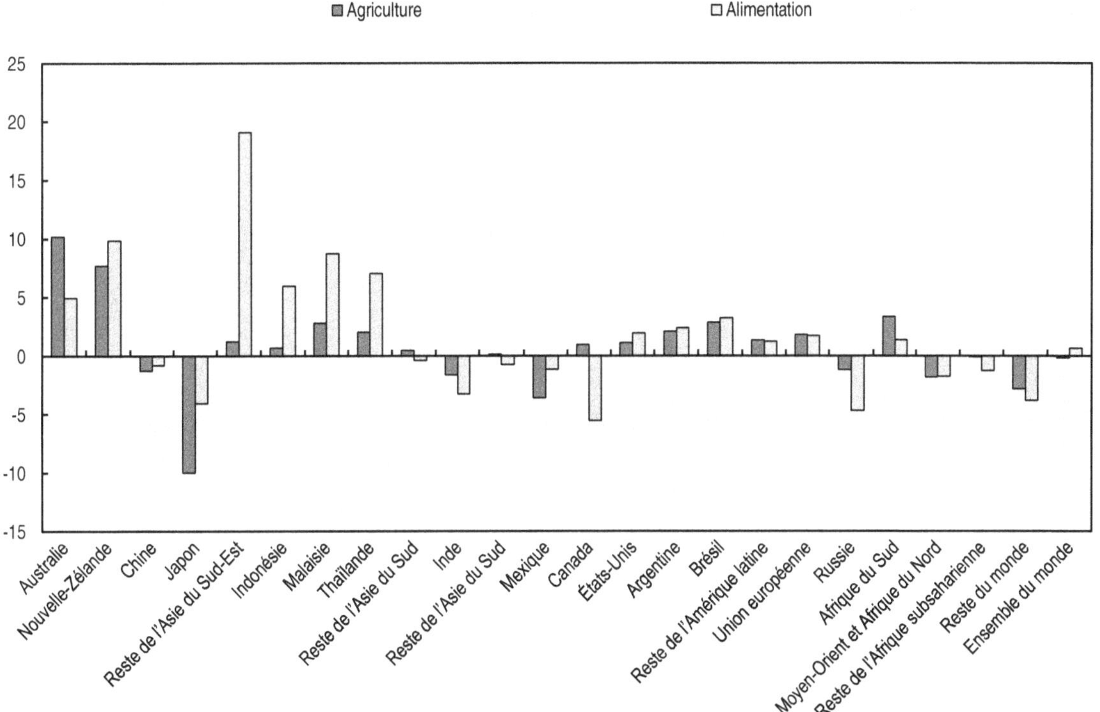

Source : Estimations du modèle METRO.

Dans l'ensemble, l'effet global des politiques actuelles sur la production mondiale s'avère de faible ampleur d'après les estimations. La production mondiale de produits agricoles serait légèrement inférieure en l'absence des politiques actuelles, mais seulement d'environ 0.1 %. Cela porte à croire que le principal effet exercé par les politiques actuelles sur la production mondiale tient à la répartition des activités entre les différents pays ou régions (vu que les effets sur les pays sont relativement plus marqués).

Les variations de la production alimentaire[3] reflètent généralement celles de la production agricole. Encore une fois, ces variations sont dues à une série de facteurs, dont les droits de douane auxquels sont assujettis les produits alimentaires, mais aussi aux évolutions de la production intérieure de produits agricoles, qui constitue un intrant essentiel pour les secteurs alimentaires. Il existe toutefois quelques exceptions. La production alimentaire du Canada recule d'environ 5 %, malgré une augmentation de sa production agricole. Ce paradoxe s'explique principalement par une réorientation du secteur agricole du pays. Les politiques en vigueur favorisent les produits laitiers, et leur abandon entraînerait une baisse de la production de lait (d'environ 36.7 %). Cependant, le retrait des mesures de promotion du secteur laitier et les modifications apportées aux politiques de certains autres pays encourageraient une expansion de la production de blé (46.1 %) et de fruits et légumes (11.7 %). Ces produits sont essentiellement destinés à l'exportation.

Chose intéressante pour ce qui est de l'expansion de la production, le volume global de la production alimentaire serait d'environ 0.7 % plus élevé en l'absence des politiques actuelles en matière d'échanges et de soutien interne appliquées au secteur agroalimentaire. L'augmentation de la production alimentaire malgré une légère baisse de la production agricole mondiale est moins paradoxale qu'il y paraît. Bien qu'ils en soient un élément majeur, les produits agricoles ne représentent qu'une fraction de l'ensemble des intrants contribuant à la production alimentaire (environ 35 %). Une autre part, de 25 %, est fournie par la production de l'industrie alimentaire elle-même, le reste des intrants étant issus de l'industrie manufacturière et du secteur des services, à hauteur de 15 % et de 25 % respectivement. Dans la pratique, cette augmentation de la production pourrait prendre la forme d'une productivité accrue du secteur alimentaire, désormais en mesure d'utiliser avec davantage d'efficience les intrants agricoles en fonction des variations des prix et des approvisionnements.

Graphique 3.3. Effets de l'abandon des politiques actuelles sur la production mondiale, selon les secteurs

variation en %

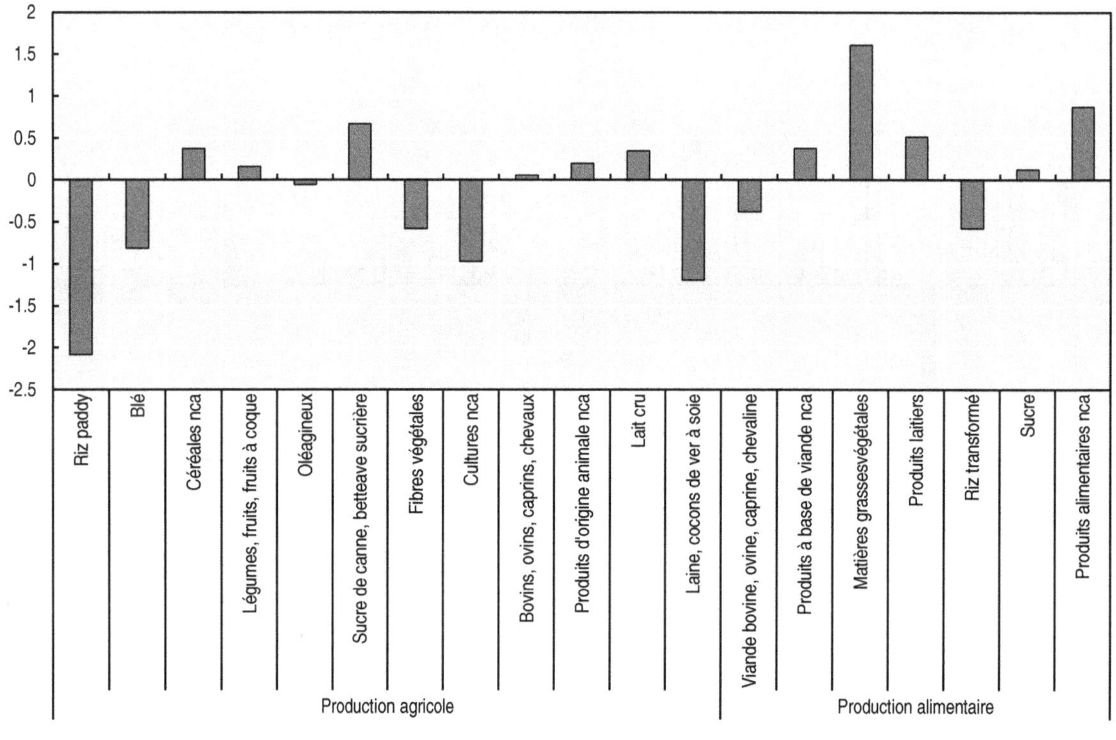

Riz paddy, Blé, Céréales nca, Légumes, fruits, fruits à coque, Oléagineux, Sucre de canne, betterave sucrière, Fibres végétales, Cultures nca, Bovins, ovins, caprins, chevaux, Produits d'origine animale nca, Lait cru, Laine, cocons de ver à soie — Production agricole

Viande bovine, ovine, caprine, chevaline, Produits à base de viande nca, Matières grassesvégétales, Produits laitiers, Riz transformé, Sucre, Produits alimentaires nca — Production alimentaire

Source : Estimations du modèle METRO.

Les effets des politiques sont variables selon les produits agricoles et alimentaires examinés (graphique 3.3). La production mondiale diminue dans le cas du riz, du blé, des oléagineux, des fibres végétales, des autres cultures et de la laine, alors qu'elle augmente pour les autres produits. Le résultat de plus grande ampleur est cependant celui observé pour le riz. Globalement, la production mondiale de riz diminue de 2.1 %, et l'on observe un important déplacement de l'activité, du Japon vers la Thaïlande et les États-Unis principalement (graphique 3.A2.1 en annexe). Les échanges de riz n'en augmentent pas moins (comme on le verra ci-dessous). Le blé est un autre produit de base pour lequel les politiques actuelles aboutissent à des niveaux de production plus élevés que ce ne serait autrement le cas. La production de blé recule principalement dans la région MENA, en Inde, aux États-Unis et en Chine alors qu'elle progresse pour l'essentiel au Canada, dans la Fédération de Russie, dans le « Reste du monde » et au sein de l'Union européenne. Au total, il s'ensuit une diminution nette d'environ 0.8 %. Dans le cas des produits animaux, on constate tout à la fois un accroissement de la production et un redéploiement des activités. Des augmentations sont observées dans les pays d'Océanie et dans la plupart de ceux du continent américain (à l'exception du Mexique et du Canada).

Malgré un effet net modéré, la production d'oléagineux connaît un considérable redéploiement régional (graphique 3.A2.1 en annexe). Globalement, la production mondiale fléchit légèrement, de 0.1 %, mais une importante baisse de la production en Chine, en Argentine et en Inde est de fait compensée par une augmentation des volumes produits en Malaisie, en Indonésie, au Brésil, dans le Reste de l'Amérique latine, dans l'Union européenne et aux États-Unis. De même, dans le cas de la laine, l'abandon des politiques actuelles entraîne une importante redistribution de l'activité. Une baisse d'environ 41.3 % de la production chinoise est atténuée par une forte augmentation, de 98.1 %, de celle de l'Australie (soit au bout du compte une diminution nette de 1.2 %).

Pour ce qui est des secteurs alimentaires, la production mondiale de produits laitiers et de matières grasses végétales s'accroît, alors que dans le cas des produits à base de viande les effets sont contrastés (graphique 3.2). Là encore, beaucoup de ces secteurs connaissent un important redéploiement de l'activité à l'échelle planétaire (graphique 3.A2.1 en annexe).

Sur les échanges

Les politiques agricoles actuelles constituent dans l'ensemble un frein aux échanges agroalimentaires. En l'absence de la panoplie de mesures aujourd'hui en vigueur, les échanges agricoles seraient de 5.3 % supérieurs et ceux de produits alimentaires de 9.7 % plus élevés. L'augmentation des échanges de produits alimentaires s'observe dans toutes les régions, alors que les effets sur les différents produits agricoles sont contrastés (graphique 3.4).

Les effets sont variables selon les pays, et bon nombre des évolutions observées ne sont nullement liées aux mutations de la production. Au Japon, par exemple, les exportations agricoles progressent d'environ 21 %, tandis que la production agricole diminue d'environ 10 % (du fait de la baisse de la production de riz). Ces évolutions sont la conséquence des variations de la part relative des différents secteurs agricoles dans la production totale, ainsi que des changements de prix des produits agricoles et alimentaires. En Nouvelle-Zélande, les effets sur les échanges diffèrent également de ceux exercés sur la production, mais pour des raisons différentes. Le surcroît de production agricole est absorbé à l'intérieur même du pays par la production de denrées alimentaires, dont l'expansion est encore plus vigoureuse. En effet, les exportations agricoles ne constituent qu'une part relativement modeste de l'ensemble des exportations agroalimentaires de la Nouvelle-Zélande. Les exportations sont dominées par les secteurs alimentaires de la viande et des produits laitiers, qui comptent pour environ 73 % de l'ensemble des exportations agroalimentaires. Les exportations de ces secteurs ont augmenté d'environ 38.5 % et 12.2 %, respectivement.

Un examen plus attentif des évolutions des échanges et de la production du Japon révèle que les politiques actuelles ont des effets complexes. L'abandon du soutien interne se traduit par une hausse des coûts de production. Pour ce qui est de la demande, les produits nationaux, plus coûteux, doivent soutenir la concurrence d'importations relativement meilleur marché, entraînant une baisse de la demande et de la production. Dans le cas des produits alimentaires, les modifications apportées aux politiques en vigueur provoquent une baisse des prix intérieurs. Pour l'industrie alimentaire, le renchérissement des intrants fournis par l'agriculture et la baisse du prix de ses propres produits (du fait de l'intensification de la concurrence internationale) aboutissent à une diminution de la production alimentaire, qu'elle soit destinée à une consommation intermédiaire ou finale (tableau 3.1). La demande de produits intermédiaires agricoles et alimentaires baisse d'autant (comme en atteste la diminution de l'offre de produits intermédiaires ; tableau 3.1, colonnes de droite). Ces effets sont à leur tour à l'origine d'une nouvelle baisse de la production agricole, mais aussi de sa redistribution au profit des biens de consommation finale, qui progressent de 4.7 %. Cependant, la chute du prix intérieur des produits alimentaires accroît la compétitivité mondiale de certaines des exportations alimentaires japonaises. Compte tenu des parts relativement modestes des exportations à destination des marchés extérieurs, l'effet sur les prix entraîne une augmentation relativement plus marquée des exportations totales (en pourcentage).

Graphique 3.4. Effets de l'abandon des politiques actuelles sur les échanges de produits agroalimentaires, par région

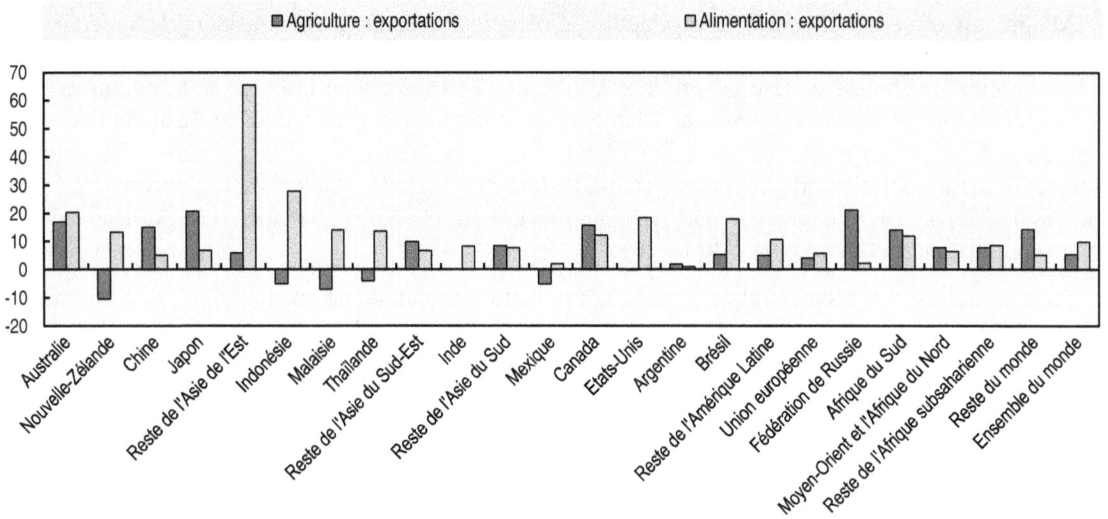

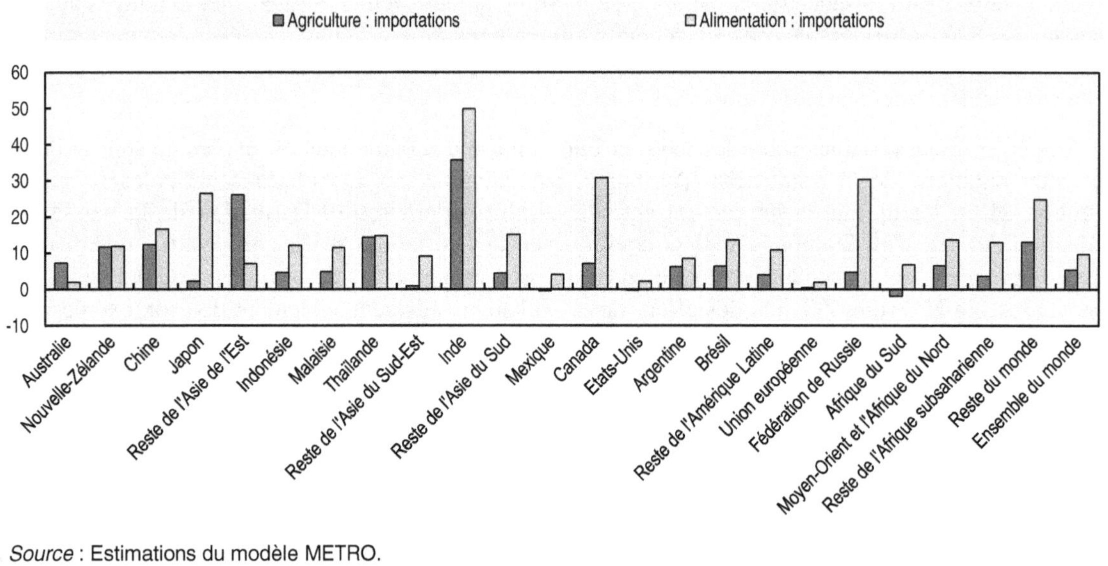

Source : Estimations du modèle METRO.

L'accroissement des échanges de la plupart des produits (graphique 3.5) porte par ailleurs à croire que les politiques actuelles altèrent les flux commerciaux mondiaux. Le riz et la laine sont particulièrement touchés (l'un et l'autre font principalement l'objet d'échanges sous la forme de produits intermédiaires). Dans le cas de ces produits, les politiques actuelles altèrent dans une large mesure la répartition des activités de production entre les différentes régions et par voie de conséquence les échanges. Pour certains autres produits, les politiques en vigueur modifient également les décisions relatives au lieu d'implantation des activités de transformation. Par exemple, les échanges de betterave sucrière et de canne à sucre diminuent alors que la production mondiale de ces produits augmente. La raison en est que davantage de régions produisent leur propre sucre au lieu d'exporter le produit intermédiaire, compte tenu de l'absence d'obstacles notables aux échanges du bien de consommation finale (le sucre). La production et les échanges de fibres végétales diminuent également, du fait de la baisse de la demande de ce produit entraînée par l'abandon des politiques actuelles.

La physionomie des exportations de produits agricoles et alimentaires présente une certaine diversité dans un certain nombre de pays, tandis que celle des importations est d'une plus grande uniformité (graphique 3.6). Les politiques agroalimentaires actuelles limitent en règle générale les importations de produits agroalimentaires dans tous les pays, soit directement par des obstacles à leur importation, soit indirectement en agissant sur le coût des produits finaux. Les importations (et plus plus largement les échanges) de produits intermédiaires sont particulièrement limitées par les politiques en vigueur. Il en ressort que les politiques actuelles ont probablement d'importants effets négatifs sur la participation aux chaînes de valeur mondiales des producteurs d'un certain nombre de pays.

Tableau 3.1. Relation entre la production et les échanges dans les secteurs agroalimentaires au Japon

Variation en %	Production		Exportations		Importations		Approvisionnements au Japon	
	Consommation intermédiaire	Consommation finale	Consommatio n intermédiaire	Consommation finale	Consommati on intermédiaire	Consommatio n finale	Consommati on intermédiaire	Consommati on finale
Total	-9.77	-2.11	2.95	11.00	27.07	51.06	-4.88	2.72
Agriculture	-15.88	4.66	-2.21	31.37	25.41	2.81	-10.63	3.71
Alimentation	-6.58	-2.81	5.80	6.90	28.36	58.96	-1.64	2.61

Graphique 3.5. Effets de l'abandon des politiques actuelles sur les échanges, par produit

variation en % par catégorie d'utilisation finale

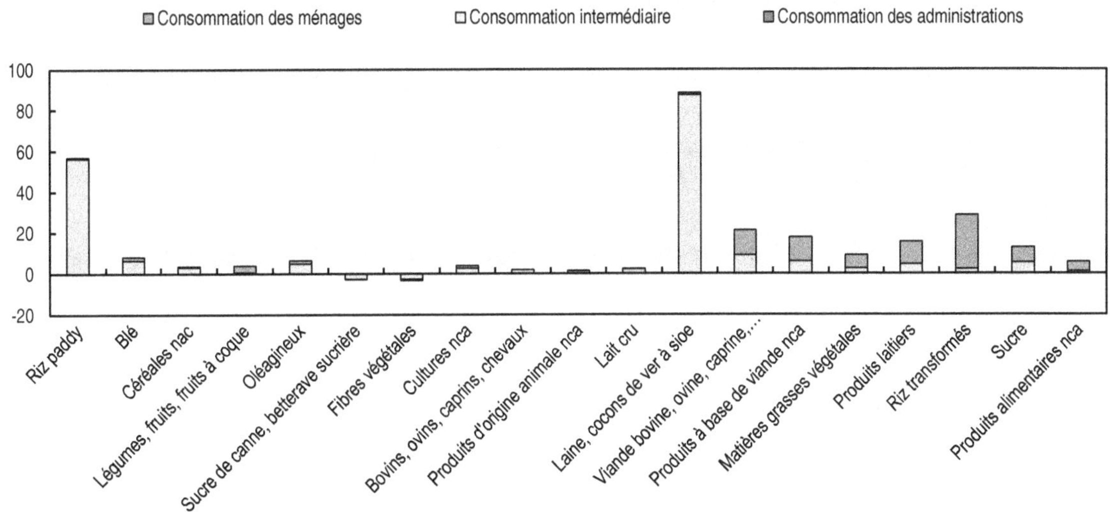

Source : Estimations du modèle METRO.

Graphique 3.6. Effets de l'abandon des politiques actuelles sur les échanges de produits intermédiaires, par région

variation en %

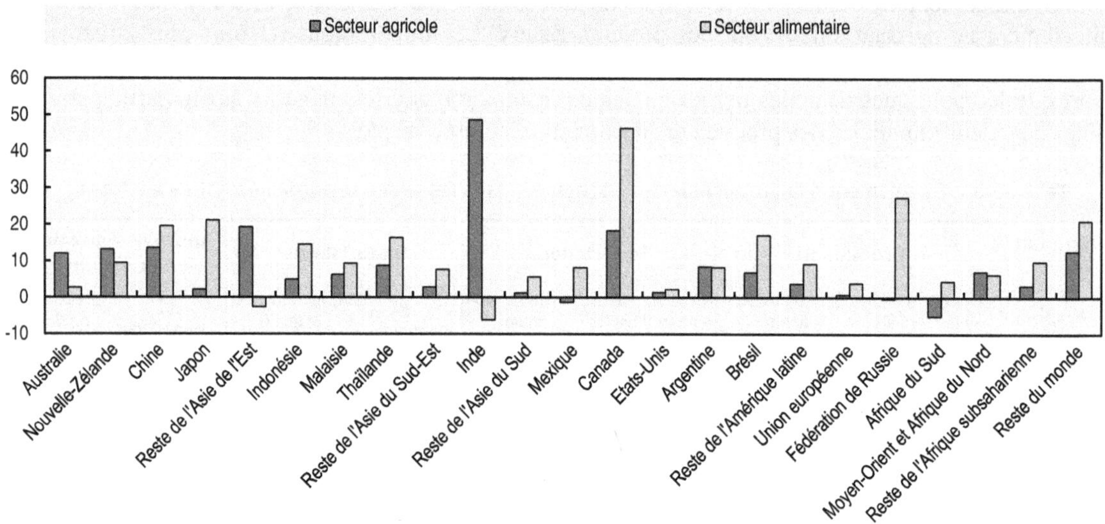

Source : Estimations du modèle METRO.

Sur la consommation et la production totale

Les effets des politiques agroalimentaires sur l'ensemble de l'économie sont relativement modestes vu que le secteur agroalimentaire ne représente qu'une petite partie de la production totale dans nombre de pays. Il n'en est pas moins intéressant de se pencher sur les effets exercés sur la production et le bien-être à l'échelle de l'économie dans son ensemble, car certains des impacts des politiques ciblées sur le secteur agroalimentaire se manifestent en dehors de celui-ci.

D'après les estimations, la production totale, c'est-à-dire la production de l'ensemble des secteurs de l'économie, s'avère dans la plupart des régions plus élevée si les pouvoirs publics s'abstiennent d'intervenir sur les marchés agricoles (tableau 3.2). Dans certaines régions, les augmentations de la production sont imputables au secteur agroalimentaire lui-même, comme en Australie et en Nouvelle-Zélande. Dans d'autres, elles sont comme au Japon le résultat d'une réaffectation d'une partie des ressources de l'agriculture au profit d'autres secteurs. Dans le premier cas, celui où les augmentations de la production du secteur agroalimentaire entraînent un accroissement de la production totale, la réaffectation de ressources aux secteurs agroalimentaires provoque une contraction de l'activité dans les autres secteurs, mais de plus faible ampleur que l'impact positif sur le secteur agroalimentaire. La production totale diminue en Chine, en Inde, au Mexique, au Canada et dans la Fédération de Russie. Dans ces pays, l'effet de croissance de la production des secteurs non agroalimentaires n'est pas suffisamment puissant pour atténuer la baisse de la production agricole et alimentaire.

Si l'on tient également compte de leur impact sur les autres secteurs, les politiques agroalimentaires actuelles ont également un effet négatif sur le volume total des échanges. En l'absence de ces politiques, la participation aux échanges s'accroît dans toutes les régions, et les exportations et les importations totales augmentent dans chacune d'elles. Seule fait exception l'Argentine, dont les exportations diminuent légèrement du fait de la baisse des exportations manufacturières.

Les variations de la production ne donnent toutefois aucune indication sur les effets sur le bien-être. Ceux-ci peuvent par contre être mesurés indirectement par les variations des revenus ou de la consommation des ménages. Ces dernières ne fournissent il est vrai qu'une indication partielle, mais elles permettent néanmoins d'avoir une vision plus large des effets sur le bien-être que si l'on ne tenait compte que des évolutions de la production ou du PIB. La consommation privée correspond aux revenus reçus par les ménages en contrepartie des activités liées à la production mesurées par le modèle. Cependant, les revenus des ménages privés sont également tributaires des autres hypothèses relatives à l'action publique formulées dans le modèle. Chose importante, les politiques fiscales et la consommation des administrations publiques influeront sur le niveau des revenus privés et par voie de conséquence sur le degré de bien-être des ménages. Dans la configuration de base, il a été supposé que la consommation des administrations publiques reste constante *en volume*, mais qu'elle varie *en valeur* (tout comme les recettes fiscales) en fonction des modifications des politiques mises en œuvre (impôt sur le revenu variable). Autrement dit, si les dépenses publiques baissent, du fait par exemple d'une diminution des aides accordées ou à la suite des variations des prix, il en sera de même des recettes fiscales. Il s'ensuit qu'une partie des économies rendues possibles par la réforme est partagée avec les ménages privés (et *vice versa*).[4] On pourrait aussi bien supposer que les taux d'imposition demeurent constants et que les administrations maintiennent inchangée leur consommation en valeur. Pour reprendre l'exemple précédent, les économies générées par les variations du soutien interne ou par celles des prix sont alors affectées à d'autres postes de dépenses par le secteur des administrations. Une autre manière de bien percevoir la différence entre ces hypothèses consiste à dire que lorsque l'impôt sur le revenu est supposé variable, les pouvoirs publics versent une certaine compensation ou redistribuent une partie des bénéfices tirés de la réforme de l'action publique (ou reçoivent au contraire une compensation de la part des ménages si elle impose un coût). Si par contre l'impôt sur le revenu est supposé constant, les pouvoirs publics (ou les ménages) s'abstiennent d'agir de la sorte.

Tableau 3.2. Effets de l'abandon des politiques actuelles sur le volume total de la production et des échanges

variation en %

	Australie	Nouvelle-Zélande	Chine	Japon	Reste de l'Asie de l'Est	Indonésie	Malaisie	Thaïlande	Reste de l'Asie du Sud-Est	Inde	Reste de l'Asie du Sud	Mexique	Canada	États-Unis	Argentine	Brésil	Reste de l'Amérique	Union européenne	Fédération de Russie	Afrique du Sud	Moyen-Orient et Afrique du	Reste de l'Afrique	Reste du monde
Importations totales	2.13	9.05	0.86	3.26	2.16	2.69	1.89	1.38	0.65	1.85	1.12	0.12	3.68	0.61	3.30	4.52	1.25	0.30	1.87	0.95	0.86	1.09	1.90
Exportations totales	1.03	2.54	0.81	2.13	1.60	1.80	1.01	0.67	0.48	1.22	2.35	0.28	1.83	0.16	-0.31	2.00	1.08	0.20	1.56	0.51	0.88	1.46	1.38
Production totale	0.27	1.26	-0.07	0.15	1.15	0.11	0.62	0.31	0.05	-0.48	0.16	-0.07	-0.05	0.03	0.25	0.14	0.11	0.06	-0.17	0.11	0.00	0.01	0.03
Agriculture	10.21	7.69	-1.26	-9.97	1.23	0.68	2.81	2.04	0.48	-1.59	0.14	-3.59	0.97	1.12	2.08	2.85	1.35	1.80	-1.16	3.34	-1.80	-0.08	-2.82
Alimentation	4.95	9.88	-0.79	-4.07	19.09	5.97	8.73	7.04	-0.39	-3.27	-0.72	-1.13	-5.54	1.94	2.39	3.24	1.23	1.72	-4.69	1.36	-1.74	-1.24	-3.81
Activités extractives	-1.15	-5.54	0.15	0.85	0.44	-0.81	-0.24	-0.35	-0.03	0.51	0.23	0.04	0.16	-0.25	-1.26	-1.74	-0.19	-0.13	0.56	-0.23	0.33	0.45	0.32
Activités manufacturières	-1.33	-5.46	0.17	1.18	1.05	-1.58	-0.64	-1.11	-0.13	0.05	0.81	0.37	0.60	-0.33	-1.47	-1.10	-0.25	-0.23	0.55	-0.33	0.53	0.73	1.21
Services	0.22	1.20	-0.02	0.07	0.13	0.13	0.17	0.23	0.12	-0.09	-0.02	0.04	0.02	0.06	0.37	0.18	-0.04	0.03	-0.14	0.11	-0.13	-0.07	0.02

Source : Estimations du modèle METRO.

Les effets sur la consommation dans les deux hypothèses de bouclage du modèle, c'est-à-dire selon que le taux de l'impôt sur le revenu est supposé variable ou constant, sont indiqués au tableau 3.3.[5] Au tableau 3.3 figure une autre variable appelée « absorption ». Celle-ci mesure la demande totale (consommation privée, consommation des administrations publiques et investissement) de biens finaux au sein d'une économie. L'abandon des politiques agroalimentaires en vigueur s'accompagne d'une augmentation de l'absorption dans toutes les régions sauf cinq d'entre elles : Chine, Reste de l'Asie du Sud, Mexique, MENA, et Afrique subsaharienne. Il apparaît que dans les deux hypothèses de bouclage du modèle, la demande totale demeure relativement similaire, mais que des effets contradictoires s'exercent parfois sur les ménages (et donc sur leur bien-être). La différence tient pour l'essentiel à la manière dont sont partagés les coûts et les avantages générés par les modifications des politiques agroalimentaires en vigueur, compte tenu en particulier du recours non négligeable aux droits de douane et aux subventions, qui a une incidence directe sur les revenus des administrations publiques.

La diminution des recettes douanières en Asie du Sud, dans la région MENA et en Afrique subsaharienne est le principal facteur explicatif de la baisse de l'absorption dans ces régions (comme l'indiquent les résultats obtenus au tableau 3.3 lorsque les taux d'imposition sont supposés constants). Les ménages bénéficient il est vrai d'une consommation accrue du fait de la baisse des prix et du rendement plus élevé des ressources fournies aux autres secteurs de l'économie, mais ces avantages ne contrebalancent pas l'effondrement des recettes douanières. Globalement, les effets nets n'en demeurent pas moins relativement modestes.

Les écarts observés dans la consommation privée selon que les taux d'imposition sont supposés variables ou constants indiquent que, dans certains pays, les bénéfices éventuels tirés par les ménages de la réforme sont subordonnés à une certaine redistribution des avantages qu'elle procure (tableau 3.3). Dans certains pays, en l'absence de redistribution, les ménages connaîtraient une baisse de leurs revenus (et donc de leur consommation). Tel est le cas en Inde et aux États-Unis. Dans ces pays, on observe un niveau de soutien interne non négligeable, ainsi que, dans le cas des États-Unis, des droits de douane relativement bas sur un certain nombre de produits agricoles. À l'inverse, dans un certain nombre de pays, le secteur des administrations publiques connaît une dégradation de sa situation à la suite des réformes, du fait d'une baisse de ses revenus, bien que l'économie dans son ensemble en retire des avantages.

Les effets des politiques en vigueur sur les revenus du travail sont également variables (graphique 3.7). Dans la plupart des pays, les effets des politiques agricoles sur tous les types de revenus du travail s'avèrent négatifs. La raison en est que les politiques actuelles découragent généralement l'emploi de main-d'œuvre par les autres secteurs de l'économie. Tel n'est cependant pas le cas dans tous les pays. En Chine, en Inde, au Mexique et aux États-Unis, les ouvriers agricoles et les autres travailleurs peu qualifiés subissent des baisses de salaire en cas d'abandon des politiques agricoles. Il convient toutefois de noter que le secteur agroalimentaire occupe également des travailleurs issus de toutes les catégories d'emploi, ce qui donne à penser que les salaires relatifs au sein du secteur connaissent également une évolution.

Le travail n'est toutefois pas le seul facteur de production affecté par les politiques agricoles. Les loyers des terres évoluent également dans la plupart des pays sous l'effet conjugué de la suppression des subventions foncières et des fluctuations des rendements du secteur agricole (graphique 3.6). Dans le cas des États-Unis, les principaux effets sur les revenus des ménages résultent des variations des loyers des terres plutôt que d'autres facteurs. Cela est principalement dû à la nature du soutien accordé aux producteurs agricoles. Dans les quatre pays touchés par des baisses des salaires des ouvriers agricoles et des autres travailleurs qualifiés, et aux États-Unis du fait de l'évolution des loyers des terres, les pouvoirs publics tirent bénéfice de la réforme des politiques (comme l'indique l'augmentation de la consommation des administrations publiques au tableau 3.3). Cependant, les écarts observés au tableau 3.3 selon les hypothèses de bouclage retenues montrent que les pouvoirs publics pourraient atténuer les effets négatifs supportés par les ménages en transférant à ceux-ci une partie des gains de revenus obtenus (pour la Chine, le résultat net est à peu près neutre, ce qui revient à dire que les effets sur l'absorption sont quasiment nuls).

Tableau 3.3. Effets de l'abandon des politiques actuelles sur la consommation

variation en %

	Australie	Nouvelle-Zélande	Chine	Japon	Reste de l'Asie de l'Est	Indonésie	Malaisie	Thaïlande	Reste de l'Asie du Sud-Est	Inde	Reste de l'Asie du Sud	Mexique	Canada	États-Unis	Argentine	Brésil	Reste de l'Amérique latine	Union européenne	Fédération de Russie	Afrique du Sud	Moyen-Orient et Afrique du Nord	Reste de l'Afrique	Reste du monde
Impôt sur le revenu variable — revenus des administrations publiques variables																							
Absorption	0.22	1.91	-0.01	0.05	0.26	0.19	0.61	0.57	0.11	0.23	-0.07	-0.04	0.23	0.08	0.62	0.32	0.05	0.04	0.04	0.16	-0.09	-0.14	0.07
Consommation des administrations publiques	0.02	0.97	-0.05	-0.09	-0.96	0.06	-0.04	0.17	0.00	0.12	-0.25	0.09	0.00	0.05	0.30	0.19	-0.11	-0.02	-0.11	-0.01	-0.33	-0.45	-0.17
Consommation privée	0.39	2.83	-0.01	0.12	0.69	0.33	1.08	0.94	0.17	0.37	-0.07	-0.08	0.42	0.11	0.87	0.46	0.10	0.08	0.12	0.27	-0.05	-0.13	0.16
Taux d'imposition constants — revenus des administrations publiques prédéterminés																							
Absorption	0.21	1.91	-0.04	0.05	0.25	0.20	0.57	0.55	0.10	0.22	-0.09	-0.05	0.23	0.09	0.61	0.31	0.05	0.04	0.04	0.16	-0.08	-0.14	0.07
Consommation des administrations publiques	0.43	1.92	3.54	0.02	-7.01	-0.91	-2.76	-3.09	-2.55	5.02	-4.79	1.92	0.04	0.71	0.81	0.54	-1.55	-0.14	-0.02	-0.24	-1.92	-4.17	0.08
Consommation privée	0.25	2.51	-1.41	0.08	2.12	0.49	1.76	1.68	0.56	-0.59	0.47	-0.41	0.40	-0.04	0.75	0.33	0.41	0.13	0.08	0.35	0.44	0.58	0.09

Source : Estimations du modèle METRO.

Graphique 3.7. Effets de l'abandon des politiques actuelles sur les revenus du travail

variation en %

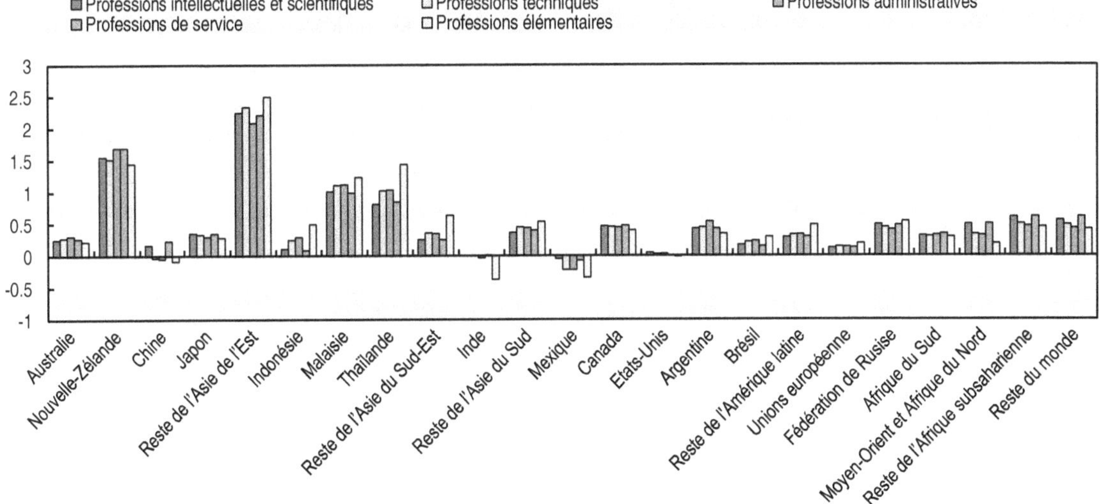

Notes : Les catégories d'emploi correspondent aux grandes catégories établies par l'Organisation internationale du travail (OIT) en 2008. Les « professions intellectuelles et scientifiques » recouvrent les catégories « Directeurs, cadres de direction et gérants » et « Professions intellectuelles et scientifiques » (grands groupes 1 et 2) de l'OIT ; les « professions techniques » renvoient à la catégorie « Professions intermédiaires » (grand groupe 3) de l'OIT ; les « professions administratives » correspondent à la catégorie « Employés de type administratif » (grand groupe 4) de l'OIT ; les « professions de service » recouvrent la catégorie « Personnel des services directs aux particuliers, commerçants et vendeurs » (grand groupe 5) de l'OIT ; et les « professions agricoles et autres » correspondent aux catégories « Agriculteurs et ouvriers qualifiés de l'agriculture, de la sylviculture et de la pêche », « Métiers qualifiés de l'industrie et de l'artisanat », « Conducteurs d'installations et de machines, et ouvriers de l'assemblage », et « Professions élémentaires » (grands groupes 6 à 9) de l'OIT. Voir http://www.ilo.org/wcmsp5/groups/public/---dgreports/---dcomm/---publ/documents/publication/wcms_172572.pdf pour plus de précisions.

Source : Estimations du modèle METRO.

3.4. Examen plus approfondi des effets sur les marchés

Il convient d'examiner de plus près quels peuvent être les effets sur les perspectives des marchés agricoles exercés par la panoplie de mesures actuellement mises en œuvre par les pouvoirs publics. En particulier, à quels résultats pourrait-on s'attendre en termes de prix et de flux commerciaux à moyenne échéance si ces politiques n'étaient pas en application ? Le modèle AGLINK-COSIMO de l'OCDE et de la FAO fournit une plateforme d'évaluation des effets probables sur les marchés agricoles mondiaux. Des estimations de ces effets peuvent être calculées à l'aide de l'actuel ensemble de projections issu des *Perspectives agricoles 2015* (OCDE-FAO, 2015).

Prix

Les politiques en matière d'échanges et de soutien interne dont il s'agit de mesurer les effets influent sur les prix mondiaux, mais leur incidence est dans l'ensemble relativement modeste. En outre, les interactions entre les différentes interventions publiques donnent à penser que leurs effets sur les prix des divers produits ne vont pas tous dans le même sens (graphique 3.8).

Graphique 3.8. Effets de l'abandon des politiques actuelles sur les flux commerciaux et sur les prix mondiaux

Différents produits, écart par rapport au scénario de référence à l'horizon 2024

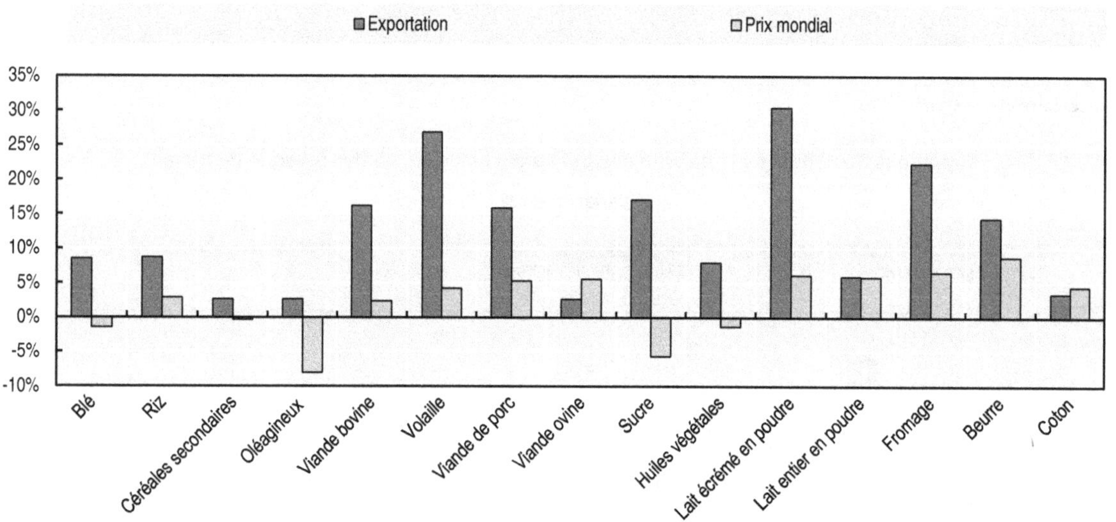

Notes : Le prix du sucre correspond au prix intérieur de ce produit aux États-Unis.

Source : Estimations du modèle AGLINK-COSIMO.

En général, les politiques en matière d'échange et de soutien interne des produits agroalimentaires contribuent à déprimer les prix mondiaux. Les prix de la plupart des produits agricoles seraient probablement plus élevés en l'absence de ce type de mesures. Quelques exceptions n'en doivent pas moins être mentionnées. Les résultats des simulations effectuées à l'aide du modèle AGLINK-COSIMO suggèrent par exemple que les taxes à l'exportation appliquées sur les oléagineux (soja) en provenance d'Argentine provoquent une hausse des prix mondiaux. L'abandon de ces taxes à l'exportation entraîne par voie de conséquence des baisses de prix. Ce n'est pas sans conséquence sur le prix des huiles végétales, qui, compte tenu des effets des autres interventions publiques, devrait également être plus bas en l'absence de telles interventions.

Sur les marchés des céréales, les effets des politiques sur les prix sont relativement modestes. Pour le riz, l'effet limité sur les prix est probablement une conséquence de l'éventail de mesures prises en considération dans la simulation. Par exemple, en Indonésie et dans divers autres pays d'Asie importateurs de riz (tels que les Philippines et la Malaisie), les distorsions des échanges sont principalement imputables aux systèmes de licences à l'importation, plutôt qu'aux tarifs NPF. Les systèmes de licences à l'importation n'étant pas intégrés dans les tarifs NPF, ils ne sont pas pris en considération dans le modèle AGLINK-COSIMO (bien qu'ils le soient dans une certaine mesure dans le modèle METRO par le biais des équivalents *ad valorem* de la base de données GTAP). Sur les marchés du blé, les effets sont plus complexes. Dans l'ensemble, les politiques en vigueur ont pour effet d'accroitre les prix sur les marchés mondiaux au travers des tarifs appliqués sur les produits d'origine animale et sur les biocarburants, qui influent sur la demande de blé pour l'alimentation des animaux dans la Fédération de Russie, ainsi que sur celle de biocarburants dans l'Union européenne.

Pour le sucre, le prix indiqué au graphique 3.9 correspond au prix intérieur de ce produit aux États-Unis. Les politiques actuelles ont pour effet d'accroître le prix intérieur aux États-Unis (le modèle ne comporte aucun prix mondial pour le sucre). Cependant, pour les grands exportateurs de sucre, les effets sur les prix observés sur les marchés intérieurs sont limités, les politiques actuelles n'entraînant que de faibles variations des prix. Un pays fait toutefois exception, l'Argentine, où d'après les estimations les prix intérieurs augmenteraient en l'absence des politiques actuelles. Dans les autres pays et régions du monde, les prix intérieurs du sucre devraient en règle générale baisser en l'absence des politiques actuelles (graphique 3.9).

Les prix sur les marchés mondiaux de la viande et des produits laitiers sont plus faibles du fait des actuelles interventions publiques. Ces marchés subissent principalement les effets des restrictions commerciales traditionnelles, telles que les droits de douane et les quotas, qui pèsent sur les flux d'échanges et, par voie de conséquence, sur les prix mondiaux.

Graphique 3.9. Effets de l'abandon des politiques actuelles sur les prix du sucre

Écart par rapport au scénario de référence à l'horizon 2024, en %.

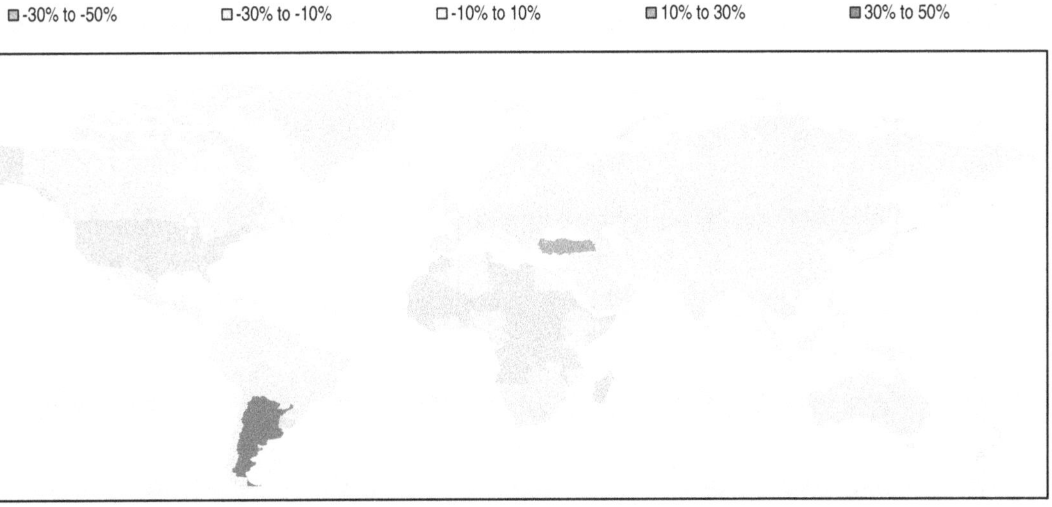

-30% to -50% | -30% to -10% | -10% to 10% | 10% to 30% | 30% to 50%

Source : Estimations du modèle AGLINK-COSIMO.

Flux commerciaux

L'incidence sur les flux commerciaux exercée par la panoplie de mesures en vigueur se fait plus fortement sentir sur les marchés de la viande et des produits laitiers, ce qui est conforme aux effets sur les prix observés générés par les politiques actuelles (qui atteignent leur plus haut niveau sur les marchés de la viande et des produits laitiers, voir graphique 3.8). Pour un certain nombre de ces produits, les flux commerciaux sont considérablement plus faibles que ce ne serait autrement le cas. Si elles sont maintenues, les coûts d'efficience des politiques actuelles devraient être d'autant plus importants que, d'après les projections, la demande de ces produits devrait augmenter à l'avenir.

Les effets escomptés sur les flux commerciaux présentent une caractéristique intéressante, à savoir que, pour tous les produits examinés, les politiques actuelles restreignent les échanges (comme en attestent les résultats du modèle METRO). Aussi les pourcentages de la production faisant l'objet d'échanges sont-ils plus faibles que ce ne serait autrement le cas, d'où une relative étroitesse des marchés internationaux de certains produits. L'abandon de ces politiques pourrait tout à la fois renforcer les flux commerciaux et contribuer à accroître la confiance dans les marchés internationaux, étant donné qu'une augmentation du volume des échanges permettrait probablement de mieux compenser les effets sur les prix enregistrés dans une région par des approvisionnements en provenance d'autres régions.

La distribution des effets sur les flux commerciaux varie selon les produits. Les variations escomptées du volume des échanges d'oléagineux, de viande bovine, et de volailles sont présentées aux graphiques 3.10, 3.11 et 3.12.

Pour chacun de ces trois produits, l'impact des politiques actuelles est pour une large part ressenti par les régions exportatrices d'Amérique du Sud, et en particulier par le Brésil et l'Argentine. Pour les oléagineux comme pour les volailles, les variations des exportations se traduisent par une augmentation des volumes totaux échangés, mais aussi par une modification de l'importance relative des différents pays. Dans le cas des oléagineux, les taxes à l'exportation appliquées par l'Argentine ont entraîné une augmentation des flux commerciaux en provenance du Brésil et des États-Unis. Dans celui des volailles, les effets des politiques actuelles sur les échanges combinent ceux, directs, des politiques commerciales et ceux, indirects, des variations induites des coûts relatifs de l'alimentation animale. Les effets de l'abandon de ces politiques sur les échanges de volailles sont présentés au graphique 3.11.

Graphique 3.10. Effets de l'abandon des politiques actuelles sur les échanges d'oléagineux

Écart par rapport au scénario de référence à l'horizon 2024, en kt

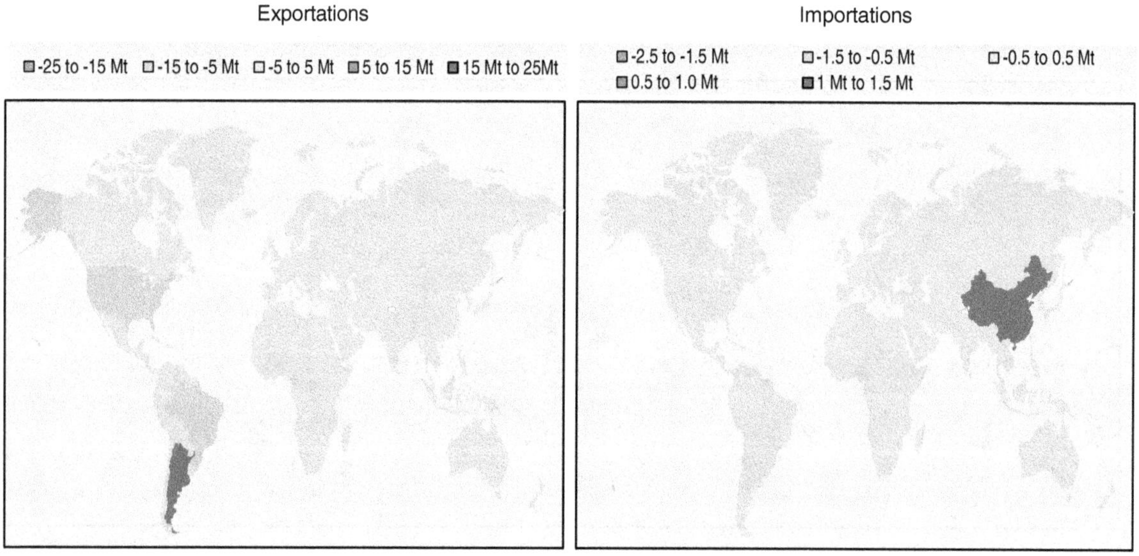

Exportations

-25 to -15 Mt; -15 to -5 Mt; -5 to 5 Mt; 5 to 15 Mt; 15 Mt to 25Mt

Importations

-2.5 to -1.5 Mt; -1.5 to -0.5 Mt; -0.5 to 0.5 Mt; 0.5 to 1.0 Mt; 1 Mt to 1.5 Mt

Source : Estimations du modèle AGLINK-COSIMO.

Graphique 3.11. Effets de l'abandon des politiques actuelles sur les échanges de viande bovine

Écart par rapport au scénario de référence à l'horizon 2024, en kt

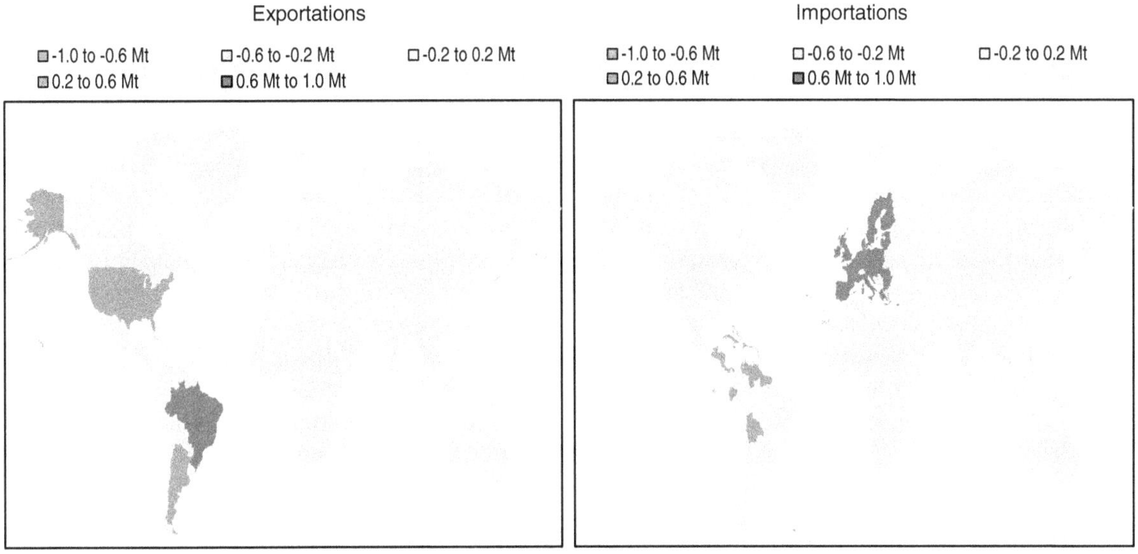

Exportations

-1.0 to -0.6 Mt | -0.6 to -0.2 Mt | -0.2 to 0.2 Mt | 0.2 to 0.6 Mt | 0.6 Mt to 1.0 Mt

Importations

-1.0 to -0.6 Mt | -0.6 to -0.2 Mt | -0.2 to 0.2 Mt | 0.2 to 0.6 Mt | 0.6 Mt to 1.0 Mt

Source : Estimations du modèle AGLINK-COSIMO.

Graphique 3.12. Effets de l'abandon des politiques actuelles sur les échanges de volailles

Écart par rapport au scénario de référence à l'horizon 2024, en kt

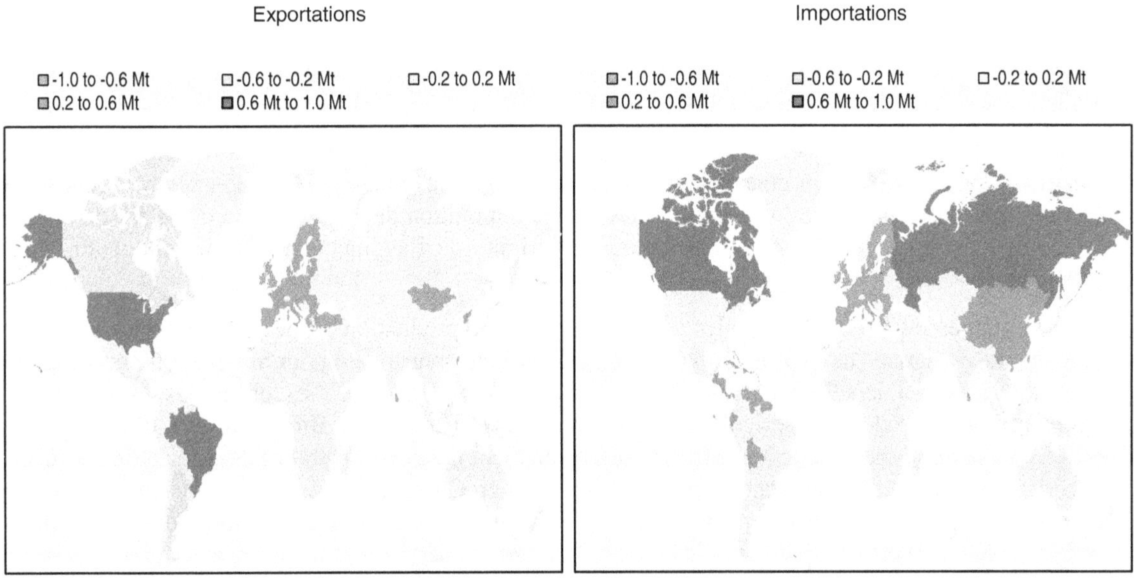

Exportations

-1.0 to -0.6 Mt | -0.6 to -0.2 Mt | -0.2 to 0.2 Mt | 0.2 to 0.6 Mt | 0.6 Mt to 1.0 Mt

Importations

-1.0 to -0.6 Mt | -0.6 to -0.2 Mt | -0.2 to 0.2 Mt | 0.2 to 0.6 Mt | 0.6 Mt to 1.0 Mt

Source : Estimations du modèle AGLINK-COSIMO.

3.5. Effets des possibles scénarios de réforme multilatérale

Outre les effets de la panoplie de mesures en vigueur, il convient également d'examiner quelles pourraient être les répercussions d'une réforme de la politique commerciale sur les secteurs agricoles et alimentaires. À cet effet, trois scénarios sont analysés. Tout d'abord, celui d'un engagement multilatéral en faveur d'une réforme donnant lieu à des changements modestes dans les pays développés et n'imposant que des évolutions de faible ampleur dans ceux en développement (*scénario de réforme de la politique commerciale et des politiques internes,* pour plus de précisions, voir la section 3.2.2). En second lieu, celui d'une extension aux pays en développement du scénario d'un accord multilatéral, dans laquelle ils assumeraient des efforts de libéralisation similaires à ceux consentis par les pays développés (extension du *scénario de la politique commerciale et des politiques internes,* à laquelle on donnera le nom de *réforme généralisée* – pour plus de précisions voir la section 3.2.2). Enfin, celui d'une absence d'accord, qui sera comparé à l'obtention d'un accord verrouillant les niveaux actuels d'accès aux marchés et de soutien interne. Ce dernier *scénario de « dérive de l'action publique »* (pour plus de précisions, voir la section 3.2.2) montre les effets des récentes évolutions stylisées des marchés agricoles observées de 2011 à 2014. Quel que soit le scénario, les effets globaux sur le volume de la production agricole et alimentaire mondiale demeurent modestes (graphique 3.13). On constate toutefois qu'un renforcement des mesures de protection dans certains pays risque d'avoir des effets négatifs sur toutes les régions.

Dans le *scénario de dérive de l'action publique*, les effets sont variables selon les produits de base considérés, la production végétale bénéficiant de manière générale d'une expansion alors que celle du secteur de l'élevage accuse un recul (graphique 3.13). Pour ce qui est des pays, la Malaisie et l'Indonésie enregistrent toutes deux des baisses de production, bien qu'elles accordent de plus hauts niveaux de soutien à l'agriculture tout en renforçant le ciblage inégal sur les différentes activités de production (graphique 3.14). Dans ces pays, les modestes augmentations de la production de riz et de cultures agricoles obtenues grâce à l'accroissement du soutien interne ne sont pas suffisantes pour compenser la baisse de la production d'oléagineux et de matières grasses végétales (voir le graphique 3.A2.4 en annexe). Autrement dit, un soutien accru provoque un remplacement partiel des secteurs agricoles les plus productifs par d'autres, moins productifs.

Par contre, la production augmente en Chine, en Inde et dans la Fédération de Russie. En Chine, l'expansion de la production concerne pour l'essentiel les oléagineux, la laine et les matières grasses végétales. La réaffectation des ressources entraîne une diminution de la production de bétail, de viande et de lait. Elle est également le principal facteur à l'origine de l'augmentation de la production dans la Fédération de Russie.

Dans toutes les autres régions, les conséquences sur la production agroalimentaire sont modestes et négatives, les variations de la production en Chine et en Inde contribuant pour une part prépondérante aux effets constatés à l'échelle mondiale (graphique 3.A2.4 en annexe). Les effets les plus importants s'exercent sur la production agricole de l'Australie, du Canada et du Brésil, où elle diminue de plus de 0.4%. Ces baisses de production affectent principalement la laine (Australie) et les oléagineux (Canada et Brésil), activités qui connaissent un considérable essor en Chine. La production alimentaire s'accroît en Argentine (et dans la région composite du « Reste du monde ») du fait des exportations croissantes de matières grasses végétales en direction de l'Inde (l'Argentine bénéficie d'un accès préférentiel par rapport aux autres grands pays exportateurs).

Dans le *scénario de réforme de la politique commerciale et des politiques internes*, les effets nets sur la production du secteur sont de faible ampleur, mais les volumes produits diminuent dans un certain nombre de secteurs agroalimentaires (graphique 3.13). L'inégalité de l'effort de réforme et le soutien persistant créent une situation où, malgré un certain degré de réforme, la production diminue (bien que dans de très faibles proportions). Cela fait apparaître les avantages d'une réforme plus ample et plus poussée comptant sur la participation de tous les pays et, de fait, la production agroalimentaire mondiale augmente légèrement (0.1 %) lorsque les pays en développement se joignent eux aussi à l'accord multilatéral (graphique 3.13). Les effets sont toutefois variables selon les produits et les régions (graphique 3.14).

Graphique 3.13. Effets de la réforme de la politique commerciale sur la production, par secteur

variation en %

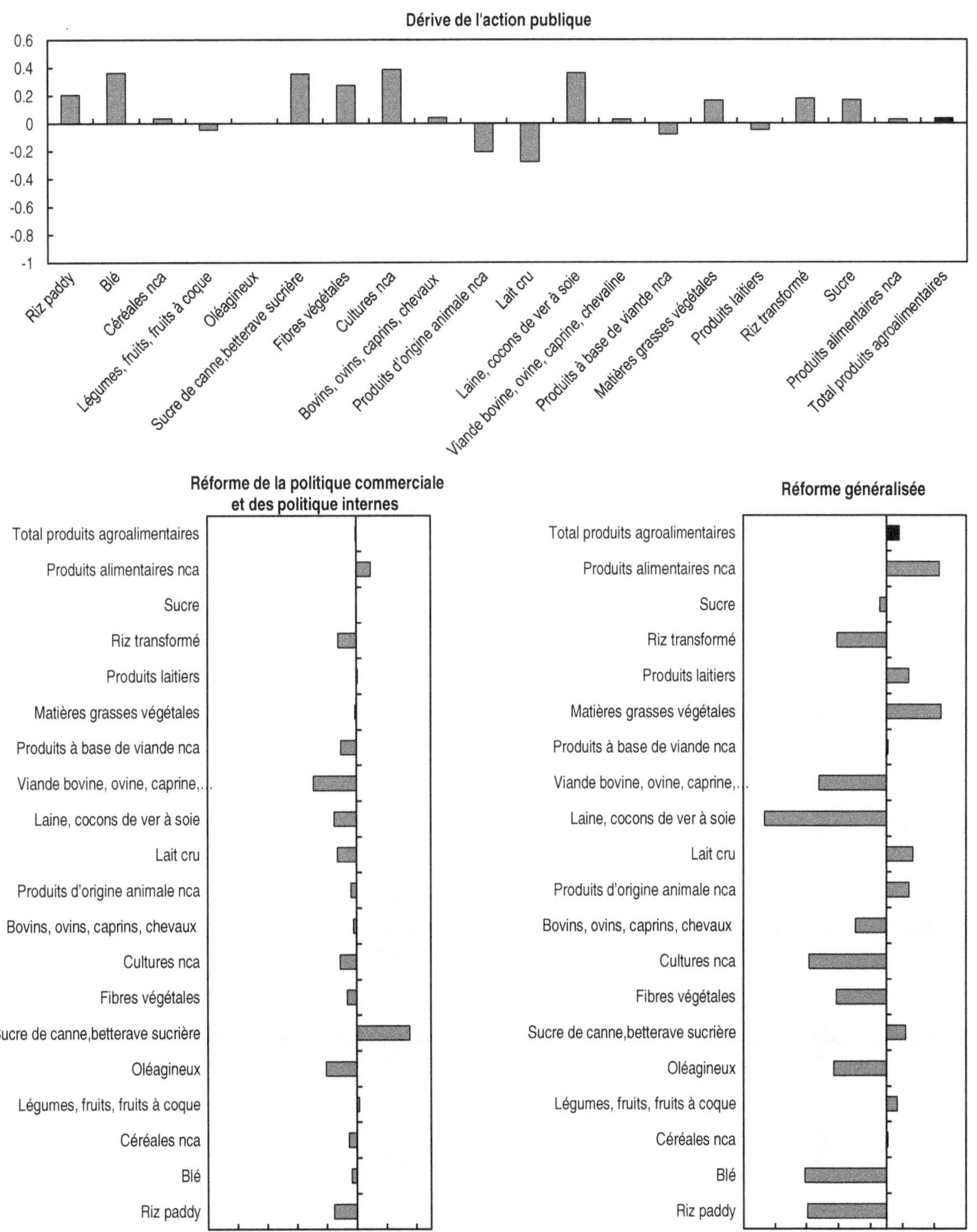

Source : Estimations du modèle METRO.

Graphique 3.14. Effets des différents scénarios sur la production, par pays

variation en %

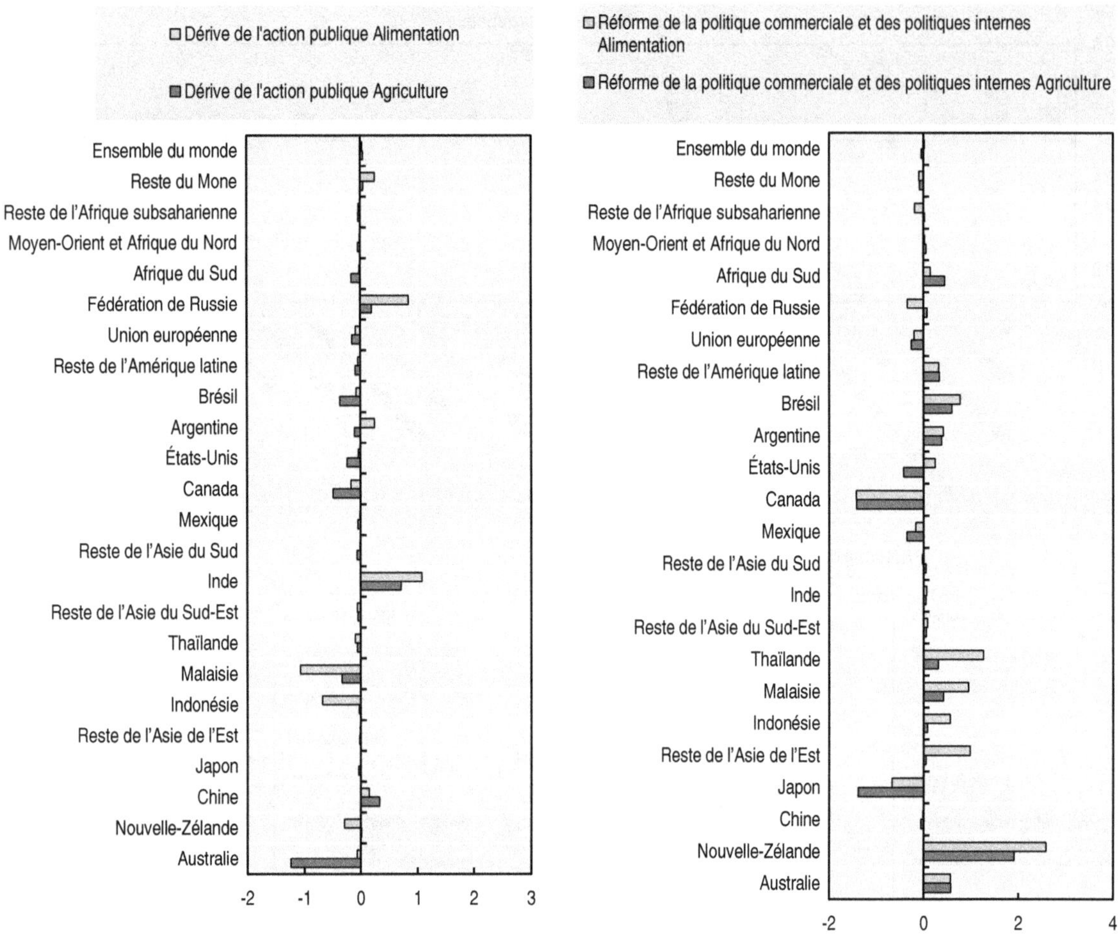

□ Dérive de l'action publique Alimentation
■ Dérive de l'action publique Agriculture

□ Réforme de la politique commerciale et des politiques internes Alimentation
■ Réforme de la politique commerciale et des politiques internes Agriculture

Ensemble du monde
Reste du Mone
Reste de l'Afrique subsaharienne
Moyen-Orient et Afrique du Nord
Afrique du Sud
Fédération de Russie
Union européenne
Reste de l'Amérique latine
Brésil
Argentine
États-Unis
Canada
Mexique
Reste de l'Asie du Sud
Inde
Reste de l'Asie du Sud-Est
Thaïlande
Malaisie
Indonésie
Reste de l'Asie de l'Est
Japon
Chine
Nouvelle-Zélande
Australie

-2 -1 0 1 2 3

-2 0 2 4

Source : Estimations du modèle METRO.

Bien qu'une *réforme de la politique commerciale et des politiques internes* n'ait que des effets limités sur la production globale, certaines évolutions notables peuvent être constatées s'agissant de la distribution de celle-ci. La production agricole et alimentaire augmente en Océanie, en Asie de l'Est et du Sud-Est, sauf au Japon, où la production baisse, et en Chine, où comme en Asie du Sud, on n'observe pas d'effets nets sur la production (graphique 3.14). Elle augmente légèrement en Afrique du Sud et en Amérique du Sud, tandis qu'elle baisse au Mexique, au Canada et aux États-Unis. On s'attend également à des baisses de production dans l'Union européenne à la suite de la diminution des obstacles commerciaux. Dans les autres régions d'Afrique, les effets sont d'ampleur limitée. Les pays de la région et leurs principaux partenaires commerciaux sont en effet relativement peu touchés par les réformes.

En ce qui concerne les produits, les effets du scénario de *réforme de la politique commerciale et des politiques internes* sont à l'origine de certains déplacements des lieux où se concentrent les activités de production (graphique 3.A2.3 en annexe). La production de blé se déplace des États-Unis (où elle baisse de 7.8 %), vers le Canada et la Fédération de Russie (où elle augmente respectivement de 8.7 % et de 3.8 %). La production d'oléagineux décroît en Chine (2.0 %), en Argentine (1.6 %) et aux États-Unis (0.8 %), alors qu'elle progresse dans de moindres proportions dans diverses régions du monde. L'Australie et la Nouvelle-Zélande enregistrent la plus forte augmentation de la production agroalimentaire. Ces deux pays accroissent leur production de bovins et de viande (tout comme l'Amérique latine et l'Afrique subsaharienne). Ces augmentations de la production de bovins et de viande compensent les baisses enregistrées dans d'autres régions, principalement dans l'Union européenne. L'Union européenne bénéficie d'une production croissante de lait et de produits laitiers. La production de sucre se déplace principalement de l'Union européenne vers le Brésil.

Lorsque la réforme couvre également les pays en développement (*réforme généralisée*), la production agricole et alimentaire mondiale s'accroît (de 0.1 %, voir les graphiques 3.14 et 3.15). Les effets nets sur la production mondiale par produit sont contrastés, les variations de plus grande ampleur étant observées lorsque les réformes se trouvent concentrées dans les pays développés. On constate de manière générale, une plus grande substitution des activités de production végétale par celles liées à l'élevage, de même qu'un accroissement de la production d'un certain nombre de produits alimentaires. Les principaux effets observés sont une baisse des niveaux de production en Inde, en Chine et dans la région MENA (graphique 3.15). Par contre, d'autres produits enregistrent de fortes augmentations de leur production — dont les fruits et légumes, les autres produits animaux, le lait et les produits laitiers, les matières grasses végétales, et les autres produits alimentaires. Ces augmentations sont provoquées par des niveaux de production croissants ou par leur plus faible diminution dans un certain nombre de régions.

Les effets sur les niveaux de production des pays en développement et des économies émergentes sont contrastés dans les deux scénarios de réforme de la politique commerciale et des politiques internes (graphique 3.15). Les régions qui tirent déjà avantage des réformes lorsqu'elles sont concentrées dans les pays développés accroissent encore leur production agricole et alimentaire lorsqu'elles sont mises en œuvre par un groupe plus large de pays — dont les pays d'Asie de l'Est et du Sud-Est (Chine exceptée) ; l'Amérique latine (Mexique excepté) ; et l'Afrique du Sud. La production augmente dans ces régions pour les mêmes produits que lorsque les pays développés entreprennent des réformes plus ambitieuses, mais l'effet est de plus grande ampleur.[6] Par exemple, la production d'oléagineux (huile de palme) augmente de 1.3 % à 5.0 % en Malaisie et de 1.7 % à 6.6 % en Indonésie lorsque les pays en développement participent à un accord multilatéral ; tandis que la production de canne à sucre s'accroît au Brésil de 1.4 % à 2.5 %. Parmi les pays et les régions qui enregistrent des baisses de production figurent la Chine, l'Asie du Sud, le Reste de l'Afrique subsaharienne, le Mexique et la Fédération de Russie. Tout comme le soutien, les baisses de production se trouvent concentrées dans certains secteurs. Ces baisses de production sont cependant compensées par des augmentations dans d'autres secteurs, puisque les ressources ainsi libérées peuvent être affectées à des activités plus productives. En Chine, par exemple, la production de produits d'origine animale s'accroît, alors que celle d'oléagineux et de leurs dérivés diminue.

Pour certaines économies émergentes, les effets des réformes mises en œuvre par les pays développés sont d'ampleur limitée, tandis que ceux des réformes engagées dans les pays en développement se révèlent non négligeables. Par exemple, un certain nombre de pays d'Asie du Sud-Est enregistrent des augmentations bien plus fortes de leur production lorsqu'ils participent aux efforts de réforme multilatérale, tout comme les autres pays à bas revenu ou à revenu intermédiaire. L'Inde connaît également des évolutions plus marquées et des baisses de production peuvent être observées dans divers secteurs.

Un certain nombre de pays développés bénéficient d'augmentations de leur production du fait d'une plus large participation aux efforts de réforme à l'échelle mondiale. Les effets sur la production de plus grande ampleur sont observés en Australie et en Nouvelle-Zélande, en particulier s'agissant de la production animale et des produits d'origine animale. Auparavant négative, la production nette devient positive au Canada et aux États-Unis dans le cas de l'agriculture, ainsi que dans l'Union européenne dans celui de l'agriculture et de l'alimentation. Cette augmentation de la production nette s'explique par les volumes croissants de blé récoltés au Canada, et par l'essor des oléagineux, des autres cultures, des fruits et légumes et des produits d'origine animale aux États-Unis. L'Union européenne accroît sa production pour un certain nombre de produits, le lait, les produits laitiers, la viande (hors élevage du bétail) et les autres produits alimentaires contribuant pour une part prépondérante à l'effet net positif.

Graphique 3.15. Comparaison des réformes visant à une libéralisation

variation en %

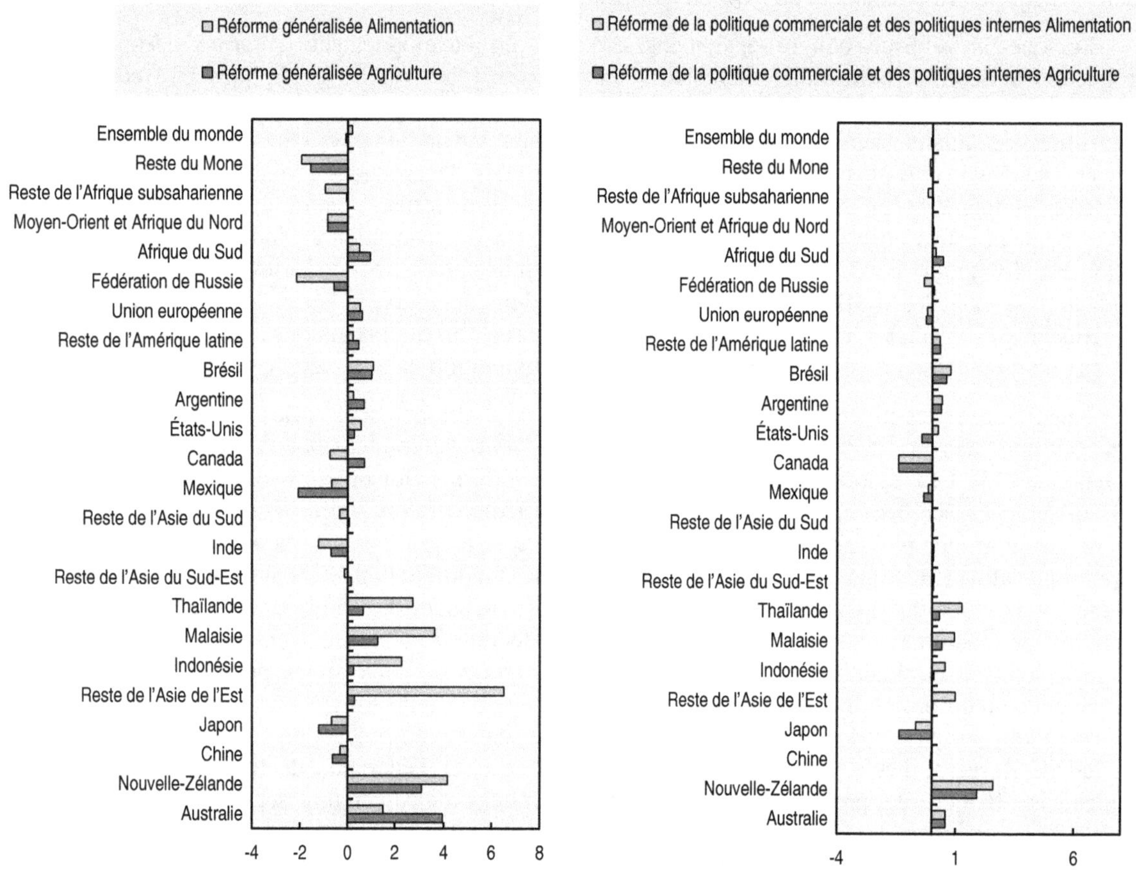

□ Réforme généralisée Alimentation
■ Réforme généralisée Agriculture

Ensemble du monde, Reste du Mone, Reste de l'Afrique subsaharienne, Moyen-Orient et Afrique du Nord, Afrique du Sud, Fédération de Russie, Union européenne, Reste de l'Amérique latine, Brésil, Argentine, États-Unis, Canada, Mexique, Reste de l'Asie du Sud, Inde, Reste de l'Asie du Sud-Est, Thaïlande, Malaisie, Indonésie, Reste de l'Asie de l'Est, Japon, Chine, Nouvelle-Zélande, Australie

-4 -2 0 2 4 6 8

□ Réforme de la politique commerciale et des politiques internes Alimentation
■ Réforme de la politique commerciale et des politiques internes Agriculture

Ensemble du monde, Reste du Mone, Reste de l'Afrique subsaharienne, Moyen-Orient et Afrique du Nord, Afrique du Sud, Fédération de Russie, Union européenne, Reste de l'Amérique latine, Brésil, Argentine, États-Unis, Canada, Mexique, Reste de l'Asie du Sud, Inde, Reste de l'Asie du Sud-Est, Thaïlande, Malaisie, Indonésie, Reste de l'Asie de l'Est, Japon, Chine, Nouvelle-Zélande, Australie

-4 1 6

Source : Estimations du modèle METRO.

Les trois scénarios examinés présentent certaines différences intéressantes du point de vue de la production. À l'échelle mondiale, les efforts de réforme de la politique commerciale et des politiques internes concentrés dans les pays développés aboutissent en définitive à une production agroalimentaire nette quasiment inchangée. Par contre, certaines augmentations des mesures de soutien et de protection de l'agriculture au sein de quelques régions entraînent un accroissement de la production, principalement due aux effets observés en Chine et en Inde, mais au prix d'importants coûts d'efficience (voir ci-haut). Cependant, le résultat le plus positif serait celui obtenu grâce à un effort plus général pour supprimer les distorsions qui affectent les marchés agroalimentaires.

Échanges

Dans le cadre du scénario de *dérive de l'action publique*, les niveaux croissants de protection induisent une contraction des échanges de produits agroalimentaires (graphique 3.16). Les importations agroalimentaires enregistrent une forte baisse, surtout dans les régions où la protection s'intensifie (elle peut y atteindre jusqu'à 6 %). Dans ce scénario, les effets sur les échanges se trouvent concentrés dans les secteurs qui connaissent les augmentations les plus marquées de la protection. Les pays qui renforcent leurs mesures de protection réduisent l'importation de ces produits, et les répercussions sur les exportations se font sentir partout dans le monde. Point important, le renforcement de la protection dans un petit nombre de pays a généralement pour effet de réduire les exportations de la plupart des régions. Font exception les exportations agricoles de l'Inde, de la Nouvelle-Zélande, de la Chine et de la Malaisie, ainsi que les exportations alimentaires d'Argentine (les produits argentins à base d'huile végétale exportés vers l'Inde bénéficient en effet de tarifs préférentiels).

Graphique 3.16. Effets sur les flux commerciaux de la réforme de la politique commerciale et des politiques internes et de la dérive de l'action publique

Réforme de la politique commerciale

Dérive de l'action publique

Exportations (variation en %)

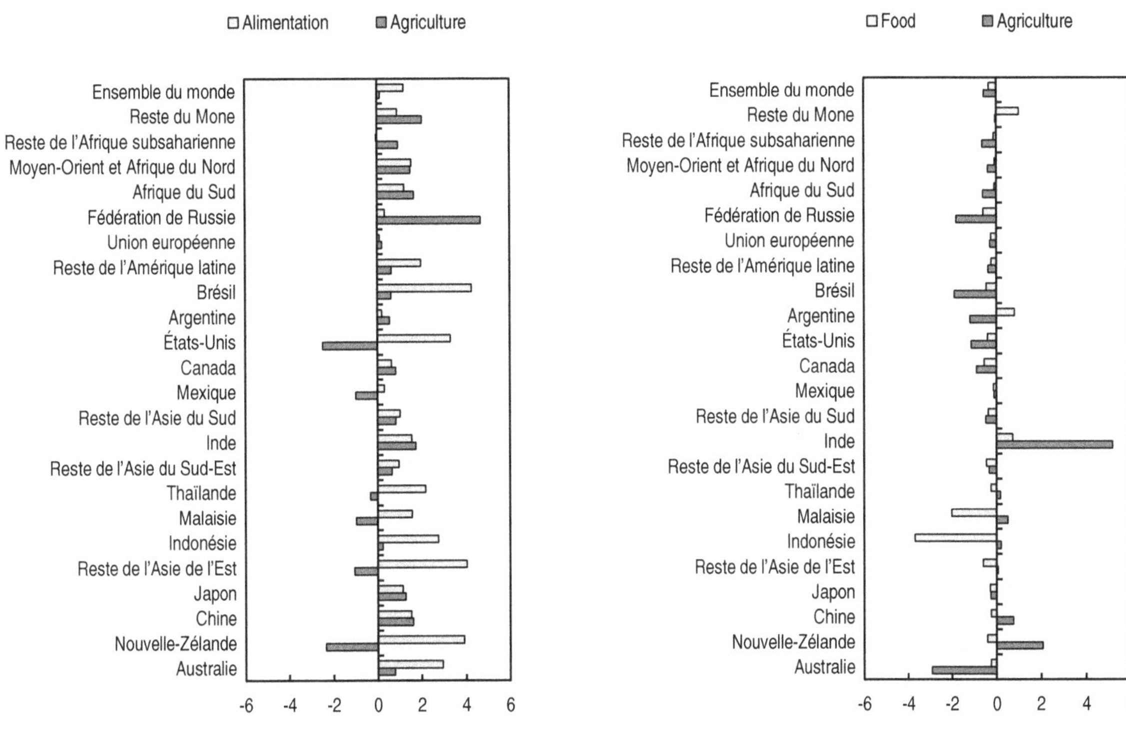

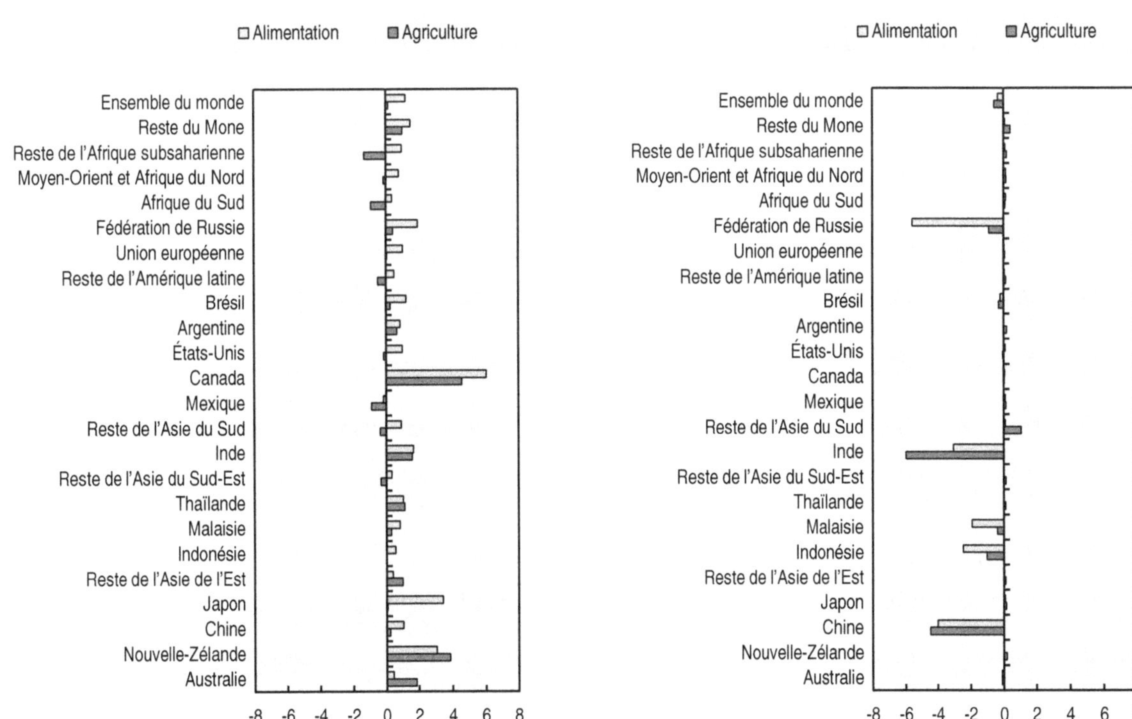

Source : Estimations du modèle METRO.

Graphique 3.17. Effets sur les flux commerciaux de la réforme de la politique commerciale et des politiques internes, par catégorie d'utilisation

variation en %

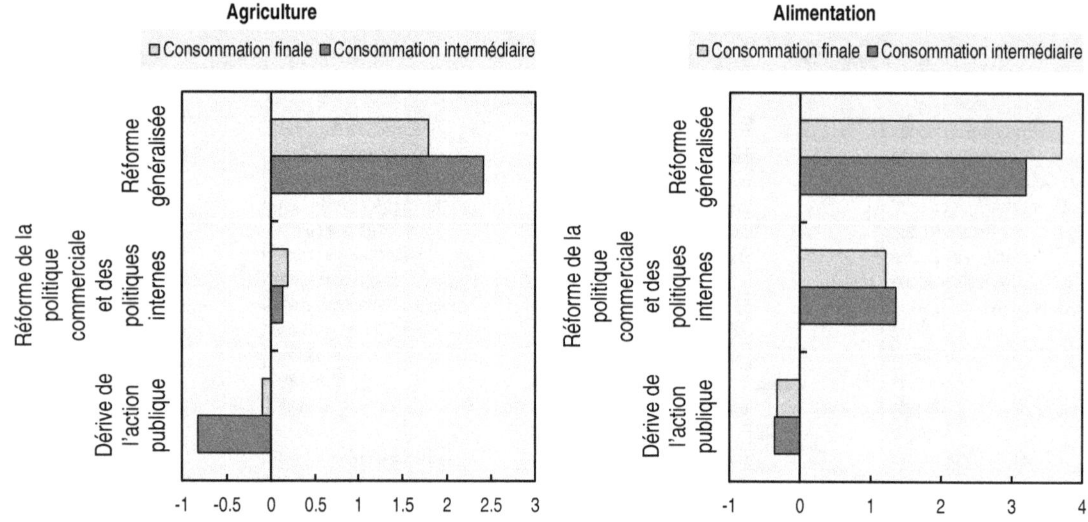

Source : Estimations du modèle METRO.

Les réformes similaires décrites dans le scénario de *réforme de la politique commerciale et des politiques internes* auraient par ailleurs pour effet d'accroître les échanges. Dans ce scénario, les exportations et les importations agroalimentaires augmentent dans la plupart des régions. Le volume total des échanges agroalimentaires à l'échelle mondiale enregistre une augmentation tout juste inférieure à 1 %. Dans certains pays, la réforme a des effets différents dans le secteur agricole et dans le secteur alimentaire. Les États-Unis et le Mexique subissent par exemple une contraction des échanges (et de la production) de produits agricoles, mais ils bénéficient dans le même temps d'une augmentation des échanges (et de la production) de produits alimentaires. En général, les réformes rapprochent la production et les échanges mondiaux des niveaux qui seraient observés si les politiques actuelles n'étaient pas en vigueur (comme décrit à la section 3.3) — les effets sont simplement de plus faible ampleur.

Lorsque les réformes sont plus largement mises en œuvre et qu'elles sont similaires dans tous les pays (scénario d'une *réforme généralisée*), les effets sont sensiblement plus importants. Le volume total des échanges agroalimentaires augmente de 3 %, du fait de la plus grande ampleur géographique des réformes. Par rapport au scénario de *réforme de la politique commerciale et des politiques internes*, les échanges mondiaux augmentent de 2.1 % au lieu de 0.1 % dans le cas des produits agricoles, et de 3.5 % au lieu de 1.2 % dans celui des produits alimentaires.

Les résultats indiquent qu'une réforme des marchés agricoles stimulerait davantage les échanges de produits intermédiaires que ceux de biens finaux. Dans le cas des produits agricoles comme dans celui des produits alimentaires, les réorientations des politiques mises en œuvre dans les deux scénarios de réforme de la politique commerciale et des politiques internes entraînent de plus fortes augmentations des échanges de biens intermédiaires (graphique 3.17). En particulier, pour les produits agricoles, lorsque les pays en développement réforment leurs politiques agroalimentaires, il s'ensuit une sensible augmentation des échanges de biens intermédiaires. Ce n'est pas sans conséquence sur le développement et sur la participation aux chaînes de valeur des pays en développement. Cela donne à penser que les politiques aujourd'hui en vigueur font obstacle à la participation des pays en développement aux chaînes de valeur agroalimentaires et qu'elles limitent ce faisant les bénéfices que pourraient retirer les secteurs agroalimentaires de ces pays de l'exploitation des avantages potentiels offerts par les CVM.

Les effets sur les pays développés et sur ceux en développement diffèrent selon les scénarios de réforme. Les différences observées selon les scénarios tiennent principalement à l'importance croissante des échanges « Sud-Sud ». Lorsque les réformes se trouvent concentrées dans les pays développés (*réforme de la politique commerciale et des politiques internes*), les effets sur les échanges de produits originaires des pays en développement sont plus marqués pour les biens finaux. Ce scénario donne lieu à des échanges accrus de biens finaux entre les pays développés comme entre ceux-ci et les pays en développement (graphique 3.18). Pour ce qui est des biens intermédiaires, on observe une substitution des produits des pays développés par ceux provenant des pays en développement. Les pays en développement connaissent par ailleurs des évolutions plus notables, les effets les plus vigoureux se faisant sentir sur les biens finaux (dont les taux de protection sont en règle générale plus élevés que ceux des biens intermédiaires). Les exportations vers les pays développés augmentent de plus de 2 %, bien davantage que les échanges entre pays développés. Les échanges Sud-Sud de biens intermédiaires et de biens finaux augmentent également, mais dans une moindre mesure.

Graphique 3.18. Effets d'une réforme sur les échanges de produits agricoles et alimentaires, par catégorie d'utilisation

variation en %

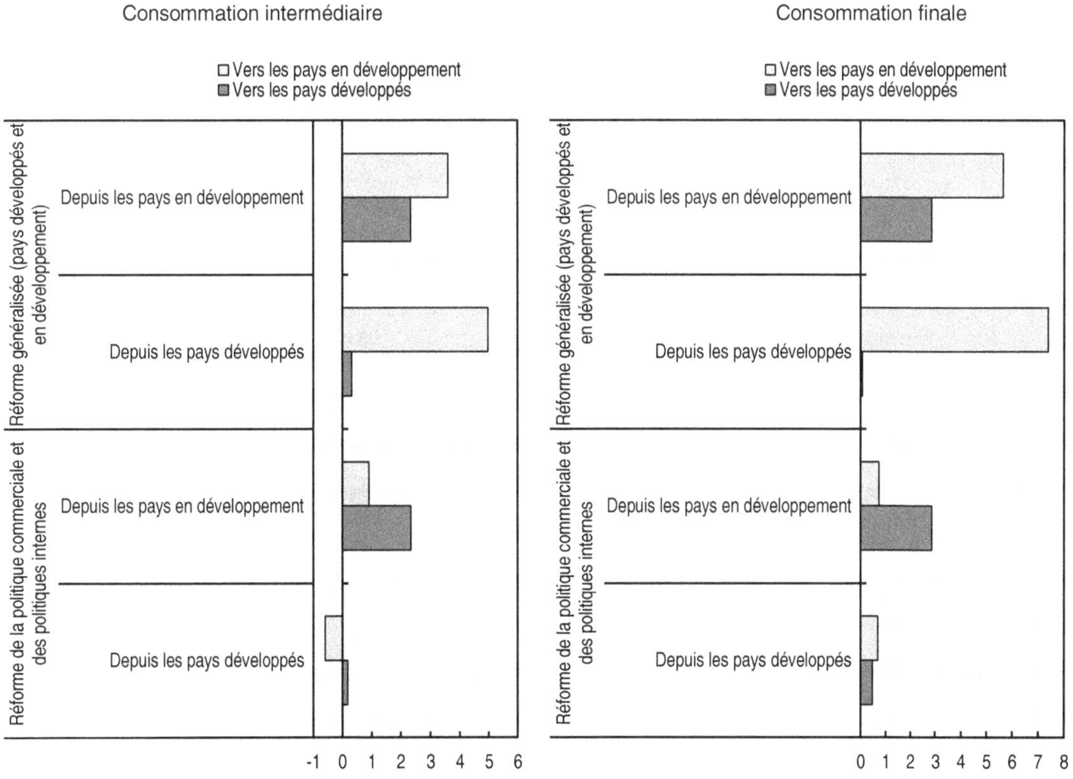

Consommation intermédiaire

□ Vers les pays en développement
■ Vers les pays développés

Réforme généralisée (pays développés et en développement)
Depuis les pays en développement
Depuis les pays développés

Réforme de la politique commerciale et des politiques internes
Depuis les pays en développement
Depuis les pays développés

-1 0 1 2 3 4 5 6

Consommation finale

□ Vers les pays en développement
■ Vers les pays développés

Réforme généralisée (pays développés et en développement)
Depuis les pays en développement
Depuis les pays développés

Réforme de la politique commerciale et des politiques internes
Depuis les pays en développement
Depuis les pays développés

0 1 2 3 4 5 6 7 8

Source : Estimations du modèle METRO.

Lorsque les efforts de réforme sont plus largement mis en œuvre (*réforme généralisée*), on constate non seulement des effets de plus grande ampleur, mais aussi une inversion des effets relatifs sur les échanges de biens intermédiaires et sur ceux de biens finaux. On remarque en particulier de fortes augmentations des échanges de biens finaux entre les pays développés et ceux en développement. Cependant, pour ce qui est des pays en développement, leurs échanges mutuels s'accroissent sensiblement (alors que leurs échanges avec les pays développés demeurent inchangés). On observe par contre des échanges accrus entre les pays en développement tant en ce qui concerne les biens intermédiaires que les biens finaux, ce qui porte à croire que le développement de CVM « Sud-Sud » s'en trouverait particulièrement renforcé. Les ordres de grandeur relatifs des effets sur les échanges suggèrent en outre que ce sont les obstacles aux échanges entre les pays en développement qui exercent la plus grande influence sur les résultats observés pour les pays en développement, les effets des politiques mises en œuvre par les pays développés jouant un rôle de moindre importance.

Dans le scénario de réforme associant le plus grand nombre de participants (*réforme généralisée*), les effets sur les volumes d'échanges sont comme prévu plus importants pour l'ensemble des pays (graphique 3.19). Cependant, les variations des volumes d'échanges mettent également en évidence un certain nombre d'évolutions intéressantes propres à chaque pays. Dans le cas de l'Inde, par exemple, la production et les exportations de produits agricoles diminuent, alors que les exportations de produits alimentaires s'accroissent. Cet accroissement est dû à la baisse des prix des intrants intermédiaires (qu'ils soient produits dans le pays même ou importés) entraînée par les réformes. Cela crée un environnement qui permet aux secteurs indiens de transformation de produits alimentaires d'être plus compétitifs face à la concurrence internationale et de parvenir par là même à accroître leurs exportations. Les évolutions telles que celles-ci contribuent à conforter les effets ultimes sur l'activité économique et par voie de conséquence les avantages résultant d'une moindre distorsion des marchés agricoles.

Graphique 3.19. Effets sur les échanges des réformes menées par les pays développés et ceux en développement

variation en %

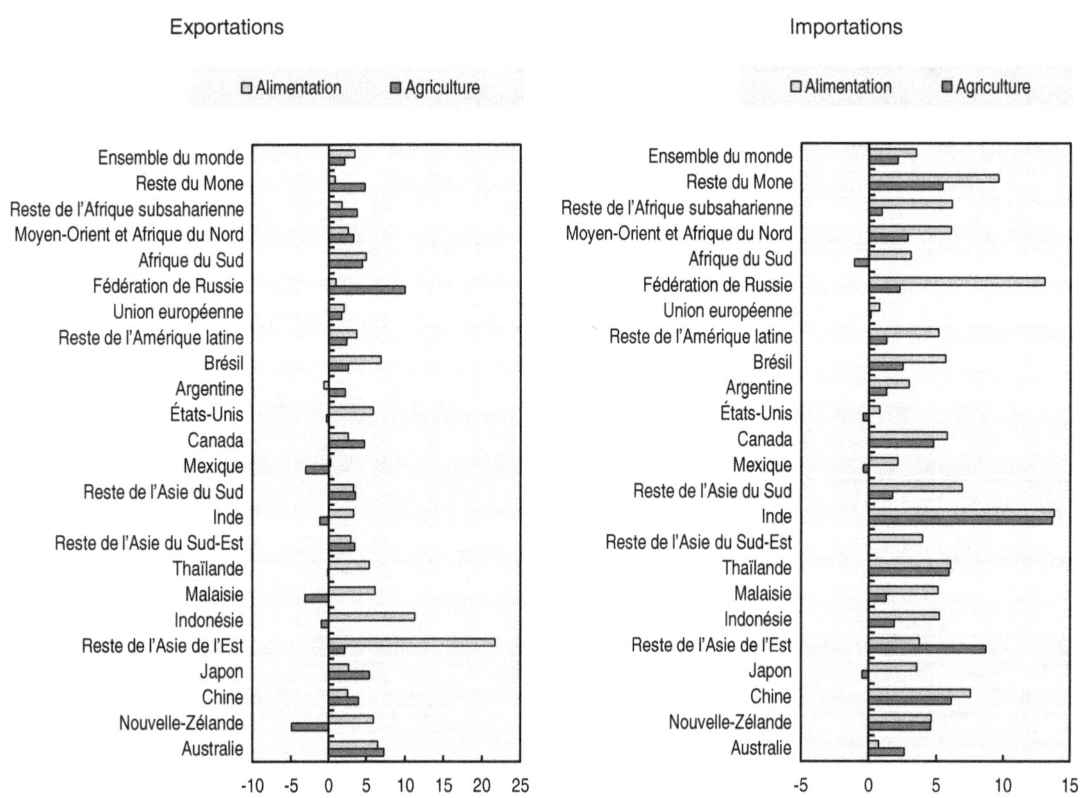

Consommation privée et activité économique

Tant les deux scénarios de réforme de la politique commerciale et des politiques internes que celui de dérive de l'action publique ont des effets très modestes sur le reste de l'économie (tableau 3.4). Dans l'ensemble, malgré les spécificités des effets observés sur les différents secteurs, on ne constate que de très faibles variations de la production totale (tous produits confondus) dans la plupart des économies. Les plus fortes augmentations de la production se font sentir en Nouvelle-Zélande (0.3 %). Les variations des importations et des exportations totales s'expliquent pour l'essentiel par les effets sur les échanges agroalimentaires. Les effets sont plus puissants lorsque la réforme de la politique commerciale est également mise en œuvre par les pays en développement, les importations et les exportations totales augmentent dans toutes les régions, sauf dans le cas des exportations de l'Argentine, qui diminuent légèrement, de 0.14 %. La production totale augmente dans la plupart des régions, les plus fortes progressions étant observées en Nouvelle-Zélande, dans le Reste de l'Asie, en Malaisie et en Thaïlande.

La production totale diminue dans la Fédération de Russie et en Inde, mais dans les autres régions on ne remarque pas d'effets importants.

Tableau 3.4. Effets sur la production totale des scénarios de réforme et de dérive de l'action publique

variation en %

	Australie	Nouvelle-Zélande	Chine	Japon	Reste de l'Asie de l'Est	Indonésie	Malaisie	Thaïlande	Reste de l'Asie du Sud-Est	Inde	Reste de l'Asie du Sud	Mexique	Canada	États-Unis	Argentine	Brésil	Reste de l'Amérique	Union européenne	Russie	Afrique du Sud	Moyen-Orient et Afrique du Nord	Reste de l'Afrique	Reste du monde
Dérive de l'action publique																							
Importations totales	-0.15	-0.08	-0.22	0.01	0.01	-0.35	-0.26	-0.01	0.00	-0.08	0.04	0.01	-0.02	-0.04	-0.08	-0.31	-0.02	0.00	-0.33	-0.01	0.02	-0.01	0.03
Exportations totales	-0.11	-0.03	-0.25	0.00	0.00	-0.29	-0.15	0.01	0.01	0.28	0.10	0.00	-0.01	-0.02	0.03	-0.16	-0.01	0.00	-0.26	0.00	0.00	-0.02	0.01
Production totale	-0.02	-0.02	-0.06	0.00	0.01	-0.02	-0.08	0.00	0.00	0.20	0.02	0.00	0.00	0.00	0.02	0.00	0.00	0.00	0.02	0.00	0.00	0.00	0.01
Réforme de la politique commerciale et des politiques internes																							
Importations totales	0.29	2.13	0.05	0.27	0.10	0.21	0.14	0.14	0.02	0.11	0.05	-0.01	0.19	0.05	0.58	0.77	0.14	0.09	0.19	0.09	0.07	0.05	0.15
Exportations totales	0.14	0.70	0.06	0.26	0.10	0.16	0.04	0.05	0.02	0.02	0.14	0.02	0.10	-0.01	-0.08	0.36	0.09	0.08	0.12	0.04	0.06	0.11	0.08
Production totale	0.04	0.29	-0.01	0.02	0.06	0.00	0.04	0.03	0.00	-0.04	0.00	-0.01	0.00	0.00	0.04	0.04	0.02	0.01	-0.02	0.01	0.00	0.00	0.01
Réforme généralisée (pays développés et en développement)																							
Importations totales	0.74	3.50	0.32	0.14	0.37	0.99	0.46	0.45	0.23	0.18	0.37	0.02	0.37	0.19	0.97	1.63	0.43	0.08	0.58	0.29	0.25	0.33	0.41
Exportations totales	0.37	1.02	0.39	0.26	0.60	0.74	0.33	0.37	0.21	0.21	1.01	0.12	0.34	0.02	-0.14	0.70	0.46	0.07	0.67	0.19	0.38	0.65	0.49
Production totale	0.10	0.51	0.02	0.01	0.41	0.05	0.22	0.14	0.02	-0.18	0.04	-0.02	-0.01	0.01	0.04	0.05	0.03	0.02	-0.07	0.04	-0.01	-0.01	0.00

Source : Estimations du modèle METRO.

Cela dit, pour les pays qui renforcent les niveaux de protection de leurs secteurs agroalimentaires (scénario de *dérive de l'action publique*), les effets globaux sont généralement négatifs. L'Indonésie est la plus durement touchée dans le cadre du scénario de dérive de l'action publique, et sa production totale, ses exportations totales, ainsi que ses importations totales accusent toutes une baisse. C'est là une conséquence des propres décisions de ces pays concernant les orientations à suivre, tout autant que de celles prises par les autres.

Les réformes des échanges devraient généralement avoir une incidence modeste, mais positive sur la consommation privée, des effets de plus grande ampleur étant observés dans le cadre d'un scénario caractérisé par un effort de réforme plus largement partagé. Globalement, la Nouvelle-Zélande et l'Argentine enregistrent les plus fortes augmentations de la consommation privée, et la Malaisie retire elle aussi de plus grands avantages dans l'hypothèse lorsque les réformes sont mises en œuvre par un plus grand nombre de participants (tableau 3.5). Cependant, étant donné que, comme précédemment mentionné, chaque pays comptera en son sein aussi bien des gagnants que des perdants, il importera de mener avec attention la transition éventuelle, en mettant en œuvre des politiques d'accompagnement appropriées, par exemple sous la forme de mesures de protection sociale permettant une certaine redistribution des bénéfices potentiels. Dans certaines régions telles que l'Afrique subsaharienne, les politiques d'accompagnement devraient également intégrer des mesures à même de promouvoir la compétitivité internationale des secteurs agroalimentaires. Dans les deux scénarios de réforme examinés ici, cette région ne bénéficie pas des avantages potentiels sous forme de consommation privée qui paraissaient devoir être recueillis si des efforts de réforme de plus grande ampleur étaient mis en œuvre à l'échelle mondiale (tableau 3.3). Vu l'extrême improbabilité d'un scénario de réforme « intégrale », des politiques de ce type aideraient la région à mieux exploiter les avantages potentiels que pourraient offrir les réformes mises en œuvre par ses partenaires commerciaux (par exemple quand les pays développés réforment leurs politiques).

Dans le scénario de dérive de l'action publique, les effets sur la consommation mettent en évidence les coûts entraînés par une aggravation des distorsions des marchés agricoles. Dans la plupart des régions, les effets sur le bien-être indirectement mesurés par les variations de la consommation se révèlent négatifs. Détail important, les effets de plus grande ampleur se font sentir dans les pays dont les politiques génèrent les plus fortes distorsions de leurs marchés agricoles — la Chine, l'Inde, la Fédération de Russie et la Malaisie, ainsi que l'Indonésie accusent toutes des pertes. Pour ces deux derniers pays, les échanges, la production totale et les revenus enregistrent une baisse (tout comme les exportations agroalimentaires).

Tableau 3.5. Effets sur la consommation des scénarios de réforme et de dérive de l'action publique

variation en %

	Australie	Nouvelle-Zélande	Chine	Japon	Reste de l'Asie de l'Est	Indonésie	Malaisie	Thaïlande	Reste de l'Asie du Sud-Est	Inde	Reste de l'Asie du Sud	Mexique	Canada	États-Unis	Argentine	Brésil	Reste de l'Amérique latine	Union européenne	Fédération de Russie	Afrique du Sud	Moyen-Orient et Afrique du Nord	Reste de l'Afrique subsaharienne	Reste du monde
Dérive de l'action publique																							
Absorption	-0.01	-0.02	-0.01	0.00	0.01	-0.02	-0.11	-0.01	-0.01	-0.10	0.00	0.00	0.00	0.00	-0.02	-0.02	0.00	0.00	-0.03	0.00	0.01	0.00	0.01
Consommation des administrations publiques	0.00	-0.01	0.02	0.00	0.00	0.00	-0.04	-0.01	-0.02	-0.15	-0.02	0.00	0.00	0.00	-0.02	-0.01	0.00	0.00	0.02	0.00	0.00	0.00	0.01
Consommation privée	-0.02	-0.03	-0.05	0.00	0.01	-0.03	-0.19	-0.02	-0.01	-0.15	0.00	0.00	0.00	-0.01	-0.03	-0.03	-0.01	0.00	-0.06	0.00	0.01	0.00	0.01
Réforme de la politique commerciale et des politiques internes																							
Absorption	0.03	0.43	0.00	0.01	0.01	0.02	0.10	0.08	0.01	0.03	-0.01	0.00	0.03	0.01	0.12	0.05	0.01	0.00	0.02	0.02	0.00	-0.02	0.03
Consommation des administrations publiques	0.00	0.21	0.00	0.00	-0.05	0.01	0.06	0.04	0.01	0.04	-0.01	0.02	0.02	0.01	0.06	0.03	0.00	-0.01	0.01	0.00	-0.02	-0.03	0.02
Consommation privée	0.05	0.65	0.01	0.02	0.03	0.02	0.15	0.13	0.01	0.05	-0.01	-0.01	0.05	0.02	0.17	0.08	0.02	0.01	0.03	0.03	0.00	-0.02	0.05
Réforme généralisée (pays développés et en développement)																							
Absorption	0.08	0.74	0.00	0.01	0.10	0.06	0.36	0.15	0.05	0.15	-0.02	-0.01	0.07	0.03	0.20	0.12	0.01	0.02	0.04	0.06	-0.03	-0.07	0.07
Consommation des administrations publiques	0.01	0.37	-0.02	0.00	-0.33	0.01	0.13	-0.03	-0.02	0.13	-0.11	0.06	0.01	0.02	0.10	0.08	-0.05	0.00	-0.03	-0.01	-0.13	-0.19	-0.01
Consommation privée	0.14	1.09	0.02	0.01	0.26	0.11	0.59	0.26	0.08	0.23	-0.02	-0.02	0.12	0.05	0.28	0.17	0.03	0.04	0.08	0.10	0.00	-0.07	0.12

Source : Estimations du modèle METRO.

Notes

1. Les pays développés subissant les effets des chocs sont l'Australie, la Nouvelle-Zélande, le Canada, les États-Unis et les 28 membres de l'Union européenne. Pour certains d'entre eux, où les droits de douane sont nuls ou proches de zéro, le choc effectif est de faible ampleur.
2. En Chine, les tarifs NPF sont proches des taux consolidés, mais les taux appliqués sont de plus de 25 % inférieurs aux consolidés, d'où la possibilité de les relever. Cela dit, l'augmentation des équivalents *ad valorem* appliqués, représentés dans le modèle comme des droits de douane, peut également être la conséquence d'évolutions dans les systèmes de quotas et dans les autres obstacles aux échanges dont l'action est identique à celle des droits de douane.
3. La production alimentaire est composée de riz transformé, de viande bovine, ovine, caprine et chevaline, d'autres viandes, de produits laitiers, de matières grasses végétales, de sucre et d'autres produits alimentaires.
4. Contrairement à ce qui se produit dans le modèle GTAP, dans METRO, les ménages et les pouvoirs publics ne sont liés que par les taux d'imposition, et leurs dépenses respectives sont mutuellement indépendantes.
5. Par hypothèse, l'investissement varie proportionnellement à l'absorption et se trouve donc à l'abri des problèmes de répartition.
6. Pour plus de précisions, voir le graphique 3.A2.3 en annexe, qu'il convient de comparer avec le graphique 3.A2.5 de la même annexe.

Références

Anderson, K., J. Cockburn and W. Martin (2011), "Would Freeing up World Trade Reduce Poverty and Inequality? The Vexed Role of Agricultural Distortions", *The World Economy*, Vol. 34/4, Wiley, New Jersey, pp. 487-515.

Bouët, A. and D. Larborde (2009), "The Potential Cost of a Failed Doha Round", *IFPRI Discussion Paper*, No. 00886, IFPRI, Washington, DC.

Bouët, A., J-C. Bureau, Y. Becreux and S. Jean (2005), "Multilateral Agricultural Trade Liberalisation: The Contrasting Fortunes of Developing Countries in the Doha Round", *The World Economy,* Vol. 28/9, Wiley, New Jersey, pp. 1329-54.

de Melo, J. and S. Robinson (1989), "Product Differentiation and the Treatment of Foreign Trade in Computable General Equilibrium Models of Small Economies", *Journal of International Economics*, Vol. 27, Elsevier, Amsterdam, pp. 47-67.

Devarajan, S., J.D. Lewis and S. Robinson (1990), "Policy Lessons from Trade-Focused, Two-Sector Models", *Journal of Policy Modeling*, Vol. 12, Elsevier, Amsterdam, pp. 625-657.

Francois, J., H. van Meijl and F. van Tongeren (2005), "Gauging the WTO Negotiation's Potential Gains: Doha Round", *Economic Policy*, Vol. 20/42, Oxford University Press, Oxford, pp. 349-391.

McDonald, S., K.E. Thierfelder and T. Walmsley (2013), *Globe v2: A SAM Based Global CGE Model Using GTAP Data, Model Documentation*, available at: www.cgemod.org.uk/.

Narayanan, B.G., A. Aguiar and R. McDougall (eds.), (2012), *Global Trade, Assistance, and Production: The GTAP 8 Data Base*, Center for Global Trade Analysis, Purdue University.

OCDE (2015), *METRO Version 1 Model Documentation,* OECD Publishing, Paris, http://www.oecd.org/officialdocuments/publicdisplaydocumentpdf/?cote=TAD/TC/WP(2014)24/FINAL&docLanguage=En).

OCDE (2006), *Agricultural Policy and Trade Reform: Potential Effects at Global, National and Household Levels*, OECD Publishing, Paris, http://dx.doi.org/10.1787/9789264025745-en.

OCDE-Food and Agriculture Organization of the United Nations (2015), *OECD-FAO Agricultural Outlook 2015*, OECD Publishing, Paris, http://dx.doi.org/10.1787/agr_outlook-2015-en.

Robinson, S., M.E. Burfisher, R. Hinojosa-Ojeda and K.E. Thierfelder (1993), "Agricultural Policies and Migration in a US-Mexico Free Trade Area: A Computable General Equilibrium Analysis", *Journal of Policy Modeling*, Vol. 15, Elsevier, Amsterdam, pp. 673-701.

Robinson, S., M. Kilkenny and K. Hanson (1990), *USDA/ERS Computable General Equilibrium Model of the United States*, Economic Research Services, USDA, Staff Report AGES 9049.

Tokarick, S. (2008), "Dispelling Some Misconceptions About Agricultural Trade Liberalization", *Journal of Economic Perspectives*, Vol. 22/1, AEA Publications, Pittsburgh, pp. 199-216.

Annexe 3.A1

Régions, secteurs et facteurs de valeur ajoutée pris en compte dans le modèle

Tableau 3.A1.1. Régions dans cette étude

N°	Code	Région	Éléments couverts
1	aus	Australie	Australie
2	nzl	Nouvelle-Zélande	Nouvelle-Zélande
3	chn	Chine	Chine
4	rEAsia	Reste de l'Asie de l'Est	Hong Kong, Corée, Mongolie, Taipei chinois, Reste de l'Asie de l'Est
5	jpn	Japon	Japon
6	rSEAsia	Reste de l'Asie du Sud-Est	Cambodge, RDP lao, Philippines, Singapour, Viet Nam, Brunei Darussalam, Reste de l'Asie du Sud-Est
7	idn	Indonésie	Indonésie
8	mys	Malaisie	Malaisie
9	tha	Thaïlande	Thaïlande
10	rAsia	Reste de l'Asie du Sud	Bangladesh, Népal, Pakistan, Sri Lanka, Reste de l'Asie du Sud
11	ind	Inde	Inde
12	mex	Mexique	Mexique
13	can	Canada	Canada
14	usa	États-Unis	États-Unis
15	arg	Argentine	Argentine
16	rLAmerica	Reste de l'Amérique latine	Bolivie, Chili, Colombie, Équateur, Paraguay, Pérou, Uruguay, Venezuela, Reste de l'Amérique du Sud, Costa Rica, Guatemala, Honduras, Nicaragua, Panama, El Salvador, Reste de l'Amérique centrale, République dominicaine, Jamaïque, Porto-Rico, Trinité-et-Tobago, Reste des Caraïbes.
17	bra	Brésil	Brésil
18	eu28	Union européenne (28)	Allemagne, Autriche, Belgique, Bulgarie, Chypre[a) b)], Croatie, Danemark, Espagne, Estonie, Finlande, France, Grèce, Hongrie, Irlande, Italie, Lettonie, Lituanie, Luxembourg, Malte, Pays-Bas, Pologne, Portugal, République tchèque, Roumanie, Royaume-Uni, Slovaquie, Slovénie, Suède.
19	rus	Fédération de Russie	Fédération de Russie
20	zaf	Afrique du Sud	Afrique du Sud
21	MENA	Moyen-Orient et Afrique du Nord	Bahreïn, République islamique d'Iran, Israël, Jordanie, Koweït, Oman, Qatar, Arabie saoudite, Turquie, Émirats arabes unis, Reste de l'Asie de l'Ouest, Égypte, Maroc, Tunisie, Reste de l'Afrique du Nord.
22	sSSA	Reste de l'Afrique subsaharienne	Bénin, Burkina Faso, Cameroun, Côte d'Ivoire, Ghana, Guinée, Nigeria, Sénégal, Togo, Reste de l'Afrique de l'Ouest, Afrique centrale, Afrique centrale du Sud, Éthiopie, Kenya, Madagascar, Malawi, Maurice, Mozambique, Rwanda, Tanzanie, Ouganda, Zambie, Zimbabwe, Reste de l'Afrique de l'Est, Botswana, Namibie, Reste de l'Union douanière d'Afrique australe.
23	row	Reste du monde	Reste de l'Océanie, Reste de l'Amérique du Nord, Suisse, Norvège, Reste de l'AELE, Albanie, Bélarus, Ukraine, Reste de l'Europe orientale, Reste de l'Europe, Kazakhstan, Kirghizistan, Reste de l'ex-Union soviétique, Arménie, Azerbaïdjan, Géorgie, Reste du monde.

a) *Note de la Turquie* : Les informations figurant dans ce document qui font référence à « Chypre » concernent la partie méridionale de l'île. Il n'y a pas d'autorité unique représentant à la fois les Chypriotes grecs et turcs sur l'île. La Turquie reconnaît la République Turque de Chypre Nord (RTCN) Jusqu'à ce qu'une solution durable et équitable soit trouvée dans le cadre des Nations Unies, la Turquie maintiendra sa position sur la « question chypriote ».

b) *Note de tous les États de l'Union européenne membres de l'OCDE et de l'Union européenne* : La République de Chypre est reconnue par tous les membres des Nations Unies sauf la Turquie. Les informations figurant dans ce document concernent la zone sous le contrôle effectif du gouvernement de la République de Chypre.

Source : Données compilées par l'auteur.

Tableau 3.A1.2. Secteurs dans cette étude

Nº	Code	Description	Éléments couverts
1	apdr	Riz paddy	Riz paddy
2	awht	Blé	Blé
3	agro	Céréales nca	Céréales nca
4	av_f	Légumes, fruits, fruits à coque	Légumes, fruits, fruits à coque
5	aosd	Oléagineux	Oléagineux
6	ac_b	Sucre de canne, betterave sucrière	Sucre de canne, betterave sucrière
7	apfb	Fibres végétales	Fibres végétales
8	aocr	Cultures nca	Cultures nca
9	apcr	Riz transformé	Riz transformé
10	actl	Bovins, ovins, caprins, chevaux	Bovins, ovins, caprins, chevaux
11	aoap	Produits d'origine animale nca	Produits d'origine animale nca
12	armk	Lait cru	Lait cru
13	awol	Laine, cocons de ver à soie	Laine, cocons de ver à soie
14	acmt	Viande bovine, ovine, caprine, chevaline	Viande bovine, ovine, caprine, chevaline
15	aomt	Produits à base de viande nca	Produits à base de viande nca
16	avol	Matières grasses végétales	Matières grasses végétales
17	amil	Produits laitiers	Produits laitiers
18	asgr	Sucre	Sucre
19	aOfd	Produits alimentaires transformés	Produits alimentaires transformés nca, boissons et produits du tabac
20	Extraction	Industries minières et extractives	Exploitation forestière, pêche, charbon, pétrole, gaz, minéraux nca.
21	TextWapp	Textiles et habillement	Textiles, habillement
22	LightMnfc	Industrie légère	Articles en cuir, articles en bois, articles en papier, édition, produits en métal, véhicules à moteur et leurs pièces, matériel de transport nca, produits manufacturés nca.
23	HeavyMnfc	Industrie lourde	Pétrole, produits du charbon, produits chimiques, produits du caoutchouc, produits du plastique, produits minéraux nca, métaux ferreux, métaux nca, matériel électronique, matériel et outillage nca
24	Util_Cons	Services publics et construction	Production et distribution de gaz et d'électricité, eau, construction
25	TransComm	Transports et communication	Échanges, transports nca, transports maritimes, transports aériens, communication
26	OthServices	Autres services	Services financiers nca, assurances, services aux entreprises nca, services de loisirs et autres, logements

Tableau 3.A1.3. Facteurs de valeur ajoutée dans cette étude

N°	Code	Description	Éléments couverts
1	Land	Terres	Terres
2	tech_aspros	Professions techniques	Couvre la catégorie « Professions intermédiaires » (grand groupe 3) de l'OIT
3	clerks	Professions administratives	Couvre la catégorie « Employés de type administratif » (grand groupe 4) de l'OIT
4	service_shop	Professions de service	Couvre la catégorie « Personnel des services directs aux particuliers, commerçants et vendeurs » (grand groupe 5) de l'OIT
5	Off_mgr_pros	Professions intellectuelles et scientifiques	Couvre la catégorie » recouvrent les catégories « Directeurs, cadres de direction et gérants » et « Professions intellectuelles et scientifiques » (grands groupes 1 et 2) de l'OIT
6	Ag_othlowsk	Professions agricoles et autres	Couvre les catégories « Agriculteurs et ouvriers qualifiés de l'agriculture, de la sylviculture et de la pêche », « Métiers qualifiés de l'industrie et de l'artisanat », « Conducteurs d'installations et de machines, et ouvriers de l'assemblage », et « Professions élémentaires » (grands groupes 6 à 9) de l'OIT
7	Capital	Capital	Capital
8	NatRes	Ressources naturelles	Ressources naturelles

Annexe 3.A2.

Résultats détaillés

Tableau 3.A2.1. Effets de l'abandon des politiques actuelles : répartition des effets sur la production par secteur et par région

Part régionale dans la variation total en %

	Australie	Nouvelle Zélande	Chine	Japon	Reste de l'Asie de l'Est	Indonésie	Malaysia	Thaïlande	Reste de l'Asie du Sud-Est	Inde	Reste de l'Asie du Sud	Mexique
Riz paddy	0.03	0.00	-0.08	-2.47	-0.06	-0.23	-0.09	0.58	0.03	-0.12	0.04	0.00
Blé	-0.15	0.00	-0.36	-0.14	0.08	0.00	0.00	0.00	0.00	-0.77	-0.09	0.00
Céréales nca	-0.01	0.01	-0.15	-0.01	-0.04	-0.02	0.00	0.01	-0.01	0.01	0.00	-0.02
Légumes, fruits, fruits à coque	-0.01	0.00	0.05	0.07	0.03	-0.05	0.00	-0.04	0.04	0.07	-0.01	-0.06
Oléagineux	0.07	0.00	-2.09	-0.06	-0.20	0.87	0.73	-0.05	-0.01	-0.29	-0.01	0.00
Canne à sucre, betterave sucrière	0.16	0.00	-0.39	-0.10	0.07	-0.05	0.02	0.27	0.01	-0.92	-0.03	-0.12
Fibres végétales	0.07	0.00	0.44	0.00	0.03	0.00	0.01	0.00	0.01	-1.07	0.47	0.04
Cultures nca	-0.02	0.00	0.06	0.06	-0.09	-0.08	-0.28	-0.05	0.14	-1.13	-0.02	-0.08
Bovins, ovins, caprins, chevaux	0.36	0.27	-0.05	-0.22	-0.01	-0.01	0.00	-0.04	-0.05	-0.10	0.01	-0.11
Produits d'origine animale nca	-0.01	-0.01	0.05	-0.39	0.19	-0.01	0.00	-0.02	-0.06	0.04	0.00	-0.03
Lait cru	0.04	0.23	0.05	-0.26	0.00	0.00	0.00	0.00	0.00	0.50	0.00	-0.02
Laine, cocons de ver à soie	8.80	-0.40	-11.20	-0.01	0.08	0.00	0.00	-0.01	0.00	-0.24	0.02	0.00
Viande bovine, ovine, caprine, chevaline	0.38	0.32	-0.05	-0.40	-0.08	0.00	0.00	-0.04	-0.05	0.11	-0.01	-0.07
Produits à base de viande nca	-0.01	-0.02	-0.07	-0.61	0.13	0.00	0.01	-0.03	-0.07	0.01	-0.01	0.02
Matières grasses végétales	-0.01	0.00	-1.44	-0.03	1.15	2.17	1.32	0.00	0.00	-0.73	-0.13	-0.03
Produits laitiers	0.07	0.15	0.04	-0.42	-0.03	0.00	0.02	0.00	0.02	-0.01	-0.05	-0.04
Riz transformé	0.17	0.00	-0.07	-2.26	-0.09	-0.19	-0.20	0.72	0.11	-0.04	0.07	0.00
Sucre	0.07	0.00	-0.37	-0.28	0.24	-0.04	0.01	0.43	0.02	-0.49	-0.04	-0.15
Produits alimentaires nca	0.03	0.00	-0.01	-0.02	0.45	-0.01	0.00	0.05	-0.01	-0.11	0.00	-0.01

Tableau 3.A2.1. Effets de l'abandon des politiques actuelles : répartition des effets sur la production par secteur et par région (*suite*)

Part régionale dans la variation total en %

	Canada	États-Unis	Argentine	Brésil	Reste de l'Amérique latine	Union européenne	Fédération de Russie	Afrique du Sud	Moyen-Orient et Afrique du Nord	Reste de l'Afrique subsaharienne	Reste du monde	Ensemble du monde
Riz paddy	0.00	0.63	0.00	-0.02	-0.09	-0.01	-0.05	0.00	-0.09	-0.06	-0.01	-2.08
Blé	1.64	-1.39	0.04	0.01	0.04	0.43	0.67	0.02	-1.43	-0.02	0.62	-0.81
Céréales nca	-0.02	0.35	0.06	0.12	-0.02	0.25	-0.01	0.12	-0.10	-0.11	-0.02	0.38
Légumes, fruits, fruits à coque	0.06	0.11	0.01	0.00	0.03	0.03	-0.09	0.01	0.01	-0.07	-0.03	0.16
Oléagineux	-0.04	0.26	-0.50	0.71	0.26	0.33	-0.02	0.00	0.01	-0.01	-0.04	-0.06
Canne à sucre, betterave sucrière	0.00	-0.05	0.01	2.10	0.21	-0.32	-0.11	0.01	0.06	-0.18	0.00	0.67
Fibres végétales	0.00	-1.43	-0.01	-0.06	0.05	-0.01	0.00	0.00	0.20	0.35	0.33	-0.58
Cultures nca	-0.34	0.21	0.01	-0.11	0.05	0.54	0.00	0.00	0.08	0.26	-0.17	-0.97
Bovins, ovins, caprins, chevaux	0.00	0.24	0.48	0.17	0.38	-0.24	-0.06	-0.01	-0.55	0.08	-0.49	0.06
Produits d'origine animale nca	-0.03	0.27	0.06	0.28	-0.03	0.30	-0.10	-0.01	-0.01	-0.03	-0.26	0.20
Lait cru	-0.61	0.15	0.04	-0.06	-0.04	0.74	-0.08	0.00	-0.15	-0.02	-0.14	0.35
Laine, cocons de ver à soie	0.00	0.01	0.02	-0.02	0.11	0.89	-0.02	0.54	0.08	0.01	0.14	-1.19
Viande bovine, ovine, caprine, chevaline	0.09	0.38	0.53	0.20	0.58	-0.91	-0.42	-0.01	-0.45	0.20	-0.68	-0.38
Produits à base de viande nca	-0.03	0.78	0.11	0.78	-0.04	0.84	-0.61	-0.02	-0.08	-0.08	-0.64	0.38
Matières grasses végétales	0.01	0.06	-0.53	-0.19	-0.10	0.17	-0.06	0.01	0.16	-0.10	-0.09	1.60
Produits laitiers	-0.84	0.26	0.04	-0.03	-0.08	1.72	-0.10	0.00	-0.12	-0.03	-0.07	0.52
Riz transformé	0.00	1.42	0.00	-0.02	0.03	-0.07	-0.07	0.00	-0.03	-0.06	0.00	-0.58
Sucre	-0.01	-0.10	0.01	1.80	0.36	-1.02	-0.35	0.10	0.18	-0.26	0.04	0.13
Produits alimentaires nca	-0.01	0.12	0.01	0.04	0.02	0.40	-0.03	0.01	-0.07	-0.03	0.03	0.87

Table 3.A2.2. Effets de l'abandon des politiques actuelles : répartition des effets sur la production par secteur et par région

variation en %

	Australie	Nouvelle-Zélande	Chine	Japon	Reste de k'Asie d'Est	Indonesie	Malaisie	Thaïlande	Reste de l'Asie du Sud Est	Inde	Reste de l'Asie	Mexique	Canada	États-Unis	Argentine	Brésil	Reste de l'Amérique Latine	Union européenne	Fédération de Russie	Afrique du Sud	Moyen Orient et Afrique du Nord	Reste d'Afrique Subsaharienne	Reste du monde	Ensemble du monde
Riz paddy	29.3	-0.7	-0.7	-32.9	-1.3	-2.6	-36.4	15.6	0.5	-1.5	0.8	-12.8	4.6	69.3	-2.5	-1.2	-3.2	-2.6	-20.1	-0.1	-2.7	-0.5	-2.2	-2.1
Blé	-4.0	-1.8	-2.7	-73.5	47.8	-12.9	16.7	-51.5	10.6	-6.8	-2.1	1.1	46.7	-14.4	2.2	0.8	2.0	2.4	16.6	7.1	-8.9	-1.7	11.6	-0.8
Céréales nca	-1.3	9.2	-1.2	-18.1	-34.7	-1.0	1.9	3.8	-0.6	-0.2	0.3	-1.6	-1.3	1.5	2.3	2.5	-0.5	2.3	-0.8	17.3	-1.3	-0.3	-0.6	0.4
Légumes, fruits, fruits à coque	-1.2	-1.1	-0.4	2.4	2.2	-1.7	1.6	-2.9	1.8	0.6	-0.4	-4.0	11.3	1.6	1.7	-0.8	0.9	0.4	-3.2	1.1	0.4	-0.2	-1.0	0.1
Oléagineux	10.3	4.2	-17.4	-44.6	-76.0	16.9	11.2	-15.5	-1.0	-2.9	-0.2	4.7	-1.4	1.5	-7.1	5.8	9.3	4.0	-1.6	2.2	0.8	0.2	-2.3	-0.1
Canne à sucre, betterave sucrière	12.5	-0.2	-5.2	-15.1	35.4	-3.2	3.1	15.9	0.8	-6.3	-0.4	-4.5	0.4	-1.6	1.3	6.8	3.1	-5.4	-6.9	1.9	1.7	-4.2	0.0	0.6
Fibres végétales	1.6	0.9	1.9	4.4	34.8	-2.0	7.1	0.6	4.0	-5.7	5.3	3.0	-0.4	-12.5	-1.4	-1.2	2.8	-0.5	0.1	0.6	1.8	5.8	8.3	-0.6
Cultures nca	-2.2	-4.2	5.8	1.0	-6.6	-1.4	-55.9	-9.9	7.1	-6.4	-0.9	-6.1	-46.0	4.3	1.9	-0.9	0.6	2.5	-14.0	-0.9	5.7	3.4	-12.1	-1.0
Bovins, ovins, caprins, chevaux	11.7	22.9	-0.4	-12.8	0.1	-0.8	3.4	-17.9	-2.2	-2.3	0.8	-12.1	-0.1	1.6	17.6	1.9	9.3	-1.7	-3.7	-0.8	-9.2	1.9	-12.4	0.1
Produits d'origine animale nca	-2.5	-10.6	-0.4	-17.1	8.3	-0.8	0.8	-2.2	-1.6	1.0	0.0	-2.0	-2.5	3.2	12.8	8.0	-0.4	2.2	-4.3	-1.3	0.0	-1.2	-11.8	0.0
Lait cru	3.5	8.8	-0.1	-11.0	0.7	-1.0	9.6	-1.6	0.4	2.0	0.2	-2.6	-36.7	1.2	3.4	-1.7	-0.7	3.5	-2.2	0.2	-1.3	-0.8	-3.2	0.3
Laine, cocons de ver à soie	95.9	-35.3	-40.8	-0.6	4.8	-0.5	1.3	-3.4	-0.6	-2.3	5.3	-4.2	2.6	10.1	4.1	-0.2	7.7	64.0	-1.4	32.4	0.9	1.1	1.7	-1.3
Viande bovine, ovine, caprine, chevaline	17.9	29.4	-1.7	-13.3	-3.8	-0.4	7.1	-18.3	-7.1	11.2	-0.5	-6.1	2.3	1.6	21.2	2.7	11.4	-6.3	-3.8	-0.5	-7.0	3.8	-22.1	-0.3
Produits à base de viande nca	-1.1	-9.7	-1.1	-22.4	6.5	0.1	7.9	-2.4	-2.9	1.9	-1.4	1.4	-1.7	4.8	18.1	16.5	-0.5	2.8	-30.5	-2.2	-1.9	-3.7	-33.8	0.3
Matières grasses végétales	-2.0	0.7	-6.4	-2.0	126.4	27.7	13.1	0.7	-0.3	-11.5	-6.9	-3.6	0.2	0.9	-12.2	-2.5	-2.4	1.4	-3.1	2.1	5.3	-9.2	-4.8	1.5

Table 3.A2.2. Effets de l'abandon des politiques actuelles : répartition des effets sur la production par secteur et par région (*suite*)

variation en %

	Australie	Nouvelle-Zélande	Chine	Japon	Reste de k'Asie d'Est	Indonesie	Malaisie	Thaïlande	Reste de l'Asie du Sud Est	Inde	Reste de l'Asie	Mexique	Canada	États-Unis	Argentine	Brésil	Reste de l'Amérique Latine	Union européenne	Fédération de Russie	Afrique du Sud	Moyen Orient et Afrique du Nord	Reste d'Afrique Subsaharienne	Reste du monde	Ensemble du monde
Produits laitiers	4.8	10.5	-0.3	-13.4	-1.8	-0.5	9.6	0.4	5.6	-1.0	-1.0	-2.3	-41.5	2.1	3.6	-1.0	-2.1	4.5	-2.9	0.7	-1.7	-2.3	-1.3	0.5
Riz transformé	39.2	-7.7	-1.2	-21.0	-2.7	-2.6	-35.4	17.3	1.4	-0.8	0.9	-0.9	-1.7	65.8	-0.8	-0.5	0.9	-3.5	-34.6	3.1	-1.1	-4.9	0.2	-0.6
Sucre	2.4	-8.9	-5.6	-13.0	36.0	-3.1	8.2	17.0	1.2	-5.0	-0.4	-4.9	-1.3	-1.5	1.8	10.9	4.9	-7.6	-7.5	8.4	3.2	-9.3	2.8	0.1
Produits alimentaires nca	2.2	-0.3	-0.7	-0.3	24.3	-0.3	1.6	6.5	-0.2	-4.9	0.3	-0.8	-0.4	0.8	1.2	1.1	0.7	1.6	-1.5	1.8	-1.1	-0.8	1.3	0.8

Graphique 3.A2.1. Effets de l'abandon des politiques actuelles sur les exportations, par catégorie d'utilisation

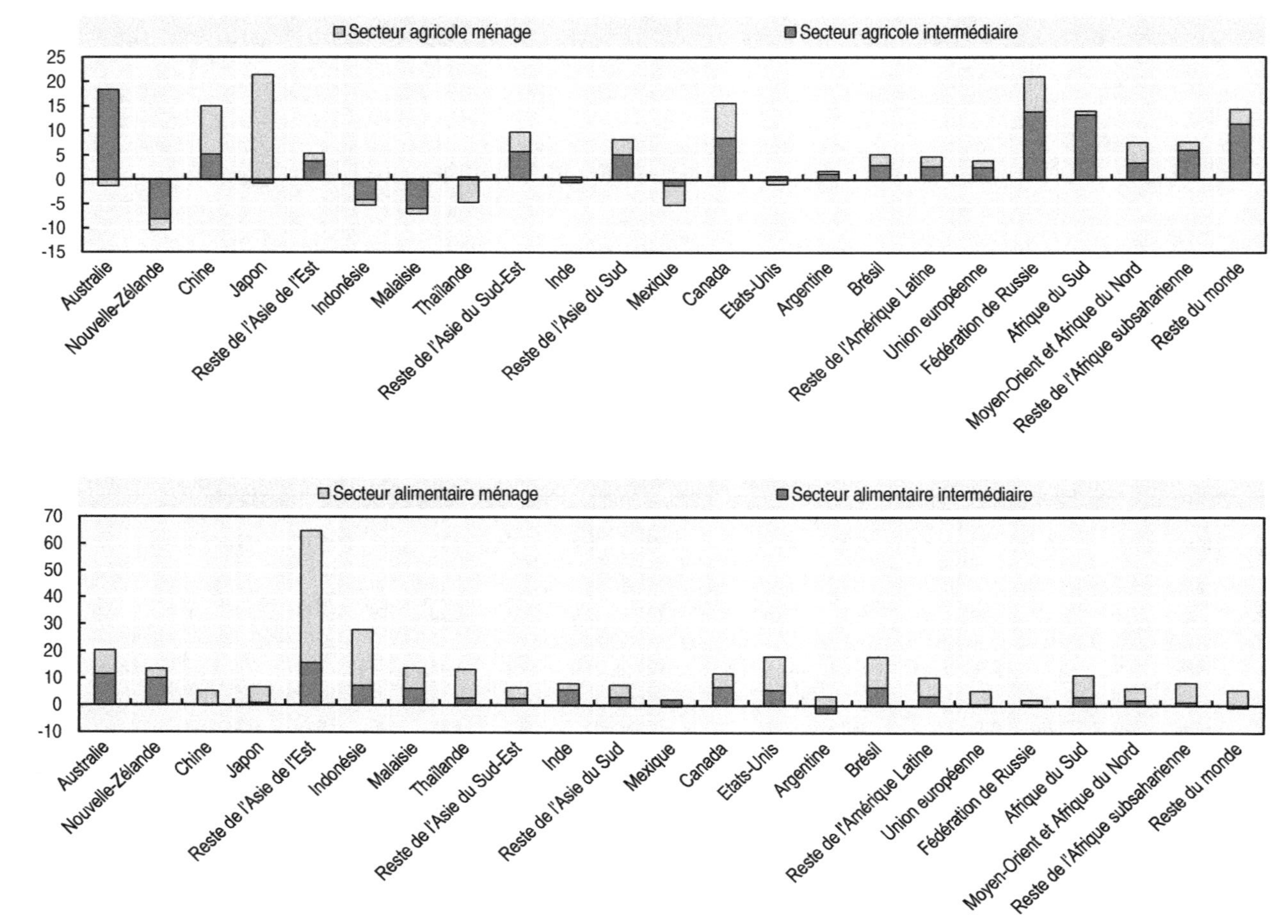

Table 3.A2.3. Scénario1: Impacts des réformes des politiques domestiques et commerciales sur la production

Part régionale dans la variation total en %

	Australie	Nouvelle-Zélande	Chine	Japon	Reste de l'Asie de l'Est	Indonésie	Malaisie	Thaïlande	Reste de l'Asie du Sud-Est	Inde	Reste de l'Asie du Sud	Mexique
Riz paddy	0.00	0.00	-0.04	-0.08	-0.01	-0.02	-0.01	0.03	0.00	0.01	0.01	0.00
Blé	0.07	0.00	-0.01	-0.05	0.01	0.00	0.00	0.00	0.00	0.02	0.00	-0.01
Céréales nca	0.00	0.00	-0.01	0.00	0.00	0.00	0.00	0.00	0.00	0.00	0.00	0.00
Légumes, fruits, fruits à coque	-0.01	0.00	0.01	0.00	0.00	-0.01	0.00	0.00	0.00	-0.01	0.00	-0.01
Oléagineux	0.00	0.00	-0.23	-0.02	-0.02	0.09	0.08	0.00	0.00	-0.01	0.00	0.00
Canne à sucre, betterave sucrière	0.01	0.00	-0.02	-0.02	0.00	0.00	0.00	0.04	0.00	0.02	0.00	-0.01
Fibres végétales	0.01	0.00	0.22	0.00	0.01	0.00	0.00	0.00	0.01	0.14	0.08	0.02
Cultures nca	-0.01	0.00	0.02	-0.01	0.00	0.00	-0.02	0.00	0.00	0.01	0.00	0.00
Bovins, ovins, caprins, chevaux	0.05	0.17	0.00	-0.06	0.00	0.00	0.00	0.00	0.00	0.01	0.00	-0.02
Produits d'origine animale nca	-0.01	0.00	0.01	-0.10	0.01	0.00	0.00	0.00	0.00	0.00	0.00	0.00
Lait cru	0.00	-0.05	0.01	-0.05	0.00	0.00	0.00	0.00	0.00	0.00	0.00	0.00
Laine, cocons de ver à soie	-0.01	0.00	0.00	0.00	0.00	0.00	0.00	0.00	0.00	0.00	0.00	0.00
Viande bovine, ovine, caprine, chevaline	0.07	0.20	0.00	-0.10	0.00	0.00	0.00	0.00	0.00	0.02	0.00	-0.01
Produits à base de viande nca	0.00	0.00	-0.01	-0.15	0.01	0.00	0.00	0.01	0.00	0.00	0.00	0.01
Matières grasses végétales	0.00	0.00	-0.18	0.00	0.05	0.20	0.15	0.00	0.00	-0.04	-0.01	-0.01
Produits laitiers	0.01	-0.03	0.01	-0.07	0.00	0.00	0.00	0.00	0.00	0.00	0.00	0.00
Riz transformé	0.00	0.00	-0.01	-0.09	-0.01	-0.02	-0.02	0.04	0.01	0.02	0.01	0.00
Sucre	0.00	0.00	-0.02	-0.06	0.01	0.00	0.00	0.06	0.00	0.02	0.00	-0.01
Produits alimentaires nca	0.00	0.00	0.02	-0.01	0.02	0.00	0.00	0.01	0.00	0.00	0.00	0.00

Tableau 3.A2.3. Scénario1: Impacts des réformes des politiques domestiques et commerciales sur la production (*suite*)

Part régionale dans la variation total en %

	Canada	États-Unis	Argentine	Brésil	Reste de l'Amérique Latine	Union européenne	Fédération de Russie	Afrique du Sud	Moyen-Orient et Afrique du Nord	Reste de l'Afrique subsaharienne	Reste du monde	Ensemble du monde
Riz paddy	0.00	0.01	0.00	0.00	-0.01	-0.02	0.00	0.00	-0.01	-0.01	0.00	-0.15
Blé	0.31	-0.74	0.01	0.00	0.06	-0.04	0.16	0.01	-0.01	0.05	0.12	-0.04
Céréales nca	-0.01	-0.07	0.01	0.02	0.00	0.00	0.00	0.01	0.00	-0.01	0.00	-0.05
Légumes, fruits, fruits à coque	0.00	0.05	0.01	0.00	0.00	-0.02	-0.01	0.00	0.01	-0.01	0.00	0.02
Oléagineux	-0.02	-0.11	-0.12	0.06	0.02	0.06	0.00	0.00	0.02	0.00	0.00	-0.20
Canne à sucre, betterave sucrière	0.00	0.04	0.00	0.43	0.03	-0.14	-0.01	0.00	0.02	-0.03	0.01	0.36
Fibres végétales	0.00	-0.93	0.00	0.07	0.04	0.01	0.00	0.00	0.12	0.10	0.05	-0.06
Cultures nca	-0.21	0.06	0.00	-0.01	0.01	0.04	0.00	0.00	0.02	0.02	-0.02	-0.11
Bovins, ovins, caprins, chevaux	-0.03	0.03	0.11	0.07	0.07	-0.35	0.00	0.00	-0.04	0.00	-0.04	-0.02
Produits d'origine animale nca	-0.05	0.09	0.00	0.06	0.00	-0.02	-0.01	0.00	0.00	0.00	-0.02	-0.04
Lait cru	-0.01	-0.05	0.00	-0.01	0.00	0.06	-0.01	0.00	-0.01	0.00	-0.01	-0.13
Laine, cocons de ver à soie	0.00	0.00	0.00	-0.01	0.00	0.00	0.00	0.00	0.01	0.00	0.00	0.00
Viande bovine, ovine, caprine, chevaline	-0.04	0.04	0.12	0.07	0.13	-0.71	-0.02	0.00	-0.02	0.00	-0.03	-0.29
Produits à base de viande nca	-0.19	0.23	0.00	0.17	0.01	-0.09	-0.04	0.00	0.00	-0.01	-0.04	-0.10
Matières grasses végétales	-0.01	-0.03	-0.11	-0.03	0.00	-0.02	0.00	0.00	0.07	-0.01	-0.01	-0.01
Produits laitiers	-0.01	-0.04	0.00	0.00	0.00	0.15	-0.01	0.00	-0.01	0.00	0.00	0.01
Riz transformé	0.00	0.02	0.00	0.00	0.00	-0.04	-0.01	0.00	0.00	0.00	0.00	-0.12
Sucre	-0.02	0.05	0.00	0.36	0.06	-0.46	-0.03	0.01	0.07	-0.05	0.02	0.00
Produits alimentaires nca	-0.01	0.02	0.00	0.01	0.00	0.02	0.00	0.00	0.00	0.00	0.01	0.10

Tableau 3.A2.4. Scénario 2: Impacts d'une réforme de toutes les politiques sur les échanges

Part régionale dans la variation total en %

	Australie	Nouvelle-Zélande	Chine	Japon	Reste de l'Asie de l'Est	Indonésie	Malaisie	Thaïlande	Reste de l'Asie du Sud-Est	Inde	Reste de l'Asie du Sud	Mexique
Riz paddy	0.00	0.00	-0.19	-0.08	-0.06	-0.10	-0.04	0.10	0.02	-0.07	0.02	0.00
Blé	-0.02	0.00	-0.14	-0.05	0.03	0.00	0.00	0.00	0.00	-0.34	-0.04	-0.01
Céréales nca	0.00	0.00	-0.07	0.00	-0.02	-0.01	0.00	0.01	0.00	0.00	0.00	-0.01
Légumes, fruits, fruits à coque	0.00	0.00	0.02	0.00	0.01	-0.02	0.00	-0.01	0.01	0.04	0.00	-0.03
Oléagineux	0.03	0.00	-1.40	-0.02	-0.09	0.33	0.32	-0.02	0.00	-0.12	-0.01	0.00
Canne à sucre, betterave sucrière	0.06	0.00	-0.16	-0.02	0.02	-0.02	0.00	0.11	-0.01	-0.43	-0.02	-0.04
Fibres végétales	0.07	0.00	0.27	0.00	0.01	0.00	0.00	0.00	0.01	-0.57	0.23	0.02
Cultures nca	-0.01	0.00	0.01	0.03	-0.03	-0.03	-0.11	-0.01	0.04	-0.51	-0.01	-0.04
Bovins, ovins, caprins, chevaux	0.12	0.14	-0.02	-0.05	0.00	0.00	0.00	-0.01	-0.02	-0.05	0.00	-0.07
Produits d'origine animale nca	-0.01	0.00	0.12	-0.10	0.08	0.00	0.00	0.01	-0.02	0.02	0.00	-0.02
Lait cru	0.01	0.07	0.03	-0.05	-0.01	0.00	0.00	0.00	0.00	0.25	0.00	-0.01
Laine, cocons de ver à soie	3.39	-0.24	-4.48	-0.01	0.06	0.00	0.00	0.00	0.00	-0.13	0.01	0.00
Viande bovine, ovine, caprine, chevaline	0.13	0.16	-0.03	-0.09	-0.04	0.00	0.00	-0.01	-0.02	0.05	0.00	-0.05
Produits à base de viande nca	0.00	-0.01	0.04	-0.15	0.05	0.00	0.00	0.02	-0.03	0.00	0.00	-0.01
Matières grasses végétales	0.00	0.00	-0.73	-0.02	0.35	0.84	0.59	0.01	0.00	-0.26	-0.06	-0.01
Produits laitiers	0.02	0.05	0.02	-0.07	-0.02	0.00	0.01	0.00	0.01	0.02	-0.02	-0.02
Riz transformé	0.00	0.00	-0.06	-0.09	-0.06	-0.08	-0.10	0.12	0.05	-0.02	0.02	0.00
Sucre	0.02	0.00	-0.16	-0.06	0.08	-0.02	0.00	0.17	-0.01	-0.22	-0.02	-0.04
Produits alimentaires nca	0.01	0.00	0.00	-0.01	0.16	0.00	0.00	0.03	0.00	-0.05	0.00	-0.01

Tableau 3A2.4. Scénario 2: Impacts d'une réforme de toutes les politiques sur les échanges (*cont.*)

Part régionale dans la variation total en %

	Canada	États-Unis	Argentine	Brésil	Reste de l'Amérique Latine	Union européenne	Fédération de Russie	Afrique du Sud	Moyen-Orient et Afrique du Nord	Reste de l'Afrique sub-saharienne	Reste du monde	Ensemble du monde
Riz paddy	0.00	0.06	0.00	-0.01	-0.04	-0.01	-0.02	0.00	-0.04	-0.03	-0.01	0.34
Blé	0.58	-0.73	0.05	0.01	0.04	0.22	0.32	0.01	-0.63	0.00	0.19	0.48
Céréales nca	0.00	0.07	0.02	0.04	-0.01	0.09	-0.01	0.03	-0.05	-0.05	-0.02	-0.06
Légumes, fruits, fruits à coque	0.02	0.07	0.01	0.00	0.02	0.02	-0.04	0.00	0.01	-0.03	-0.01	-0.05
Oléagineux	-0.01	0.32	-0.15	0.32	0.07	0.15	-0.01	0.00	0.00	-0.01	-0.05	0.13
Canne à sucre, betterave sucrière	0.00	0.03	0.00	0.78	0.06	-0.12	-0.05	0.00	0.01	-0.08	0.00	0.24
Fibres végétales	0.00	-0.83	0.00	0.00	0.03	0.00	0.00	0.00	0.11	0.17	0.16	0.25
Cultures nca	-0.21	0.09	0.01	-0.05	0.06	0.22	0.00	0.00	0.02	0.13	-0.09	0.38
Bovins, ovins, caprins, chevaux	-0.01	0.10	0.13	0.04	0.10	-0.11	-0.03	0.00	-0.24	0.00	-0.20	0.17
Produits d'origine animale nca	-0.04	0.13	0.01	0.09	-0.02	0.09	-0.05	0.00	-0.01	-0.01	-0.12	-0.18
Lait cru	-0.01	-0.04	0.01	-0.03	-0.03	0.19	-0.04	0.00	-0.08	-0.01	-0.10	-0.29
Laine, cocons de ver à soie	0.00	0.00	0.01	-0.01	0.05	0.30	-0.01	0.19	0.03	0.00	0.07	0.62
Viande bovine, ovine, caprine, chevaline	-0.01	0.13	0.15	0.05	0.16	-0.40	-0.20	0.00	-0.17	0.00	-0.22	0.13
Produits à base de viande nca	-0.11	0.35	0.01	0.27	-0.03	0.23	-0.27	-0.01	-0.04	-0.04	-0.28	-0.11
Matières grasses végétales	0.00	0.05	-0.21	-0.08	-0.06	0.07	-0.03	0.00	0.04	-0.05	-0.09	-0.35
Produits laitiers	-0.01	-0.02	0.01	-0.01	-0.04	0.43	-0.05	0.00	-0.07	-0.02	-0.08	-0.13
Riz transformé	0.00	0.03	0.00	-0.01	0.00	-0.03	-0.03	0.00	-0.02	-0.03	0.00	0.19
Sucre	-0.01	0.06	0.00	0.67	0.10	-0.39	-0.17	0.03	0.04	-0.12	0.01	0.04
Produits alimentaires nca	0.00	0.05	0.00	0.01	0.01	0.17	-0.01	0.01	-0.03	-0.01	0.01	-0.24

Tableau 3.A2.5. Scénario3: Impacts d'un changement de politique sur la production

Part régionale dans la variation total en %

	Australie	Nouvelle-Zélande	Chine	Japon	Reste de l'Asie de l'Est	Indonésie	Malaisie	Thaïlande	Reste de l'Asie du Sud-Est	Inde	Reste de l'Asie du Sud	Mexique
Riz paddy	0.00	0.00	0.06	0.00	0.00	0.04	0.03	-0.02	-0.01	0.10	0.00	0.00
Blé	0.02	0.00	0.05	0.00	0.00	0.00	0.00	0.00	0.00	0.34	-0.01	0.00
Céréales nca	0.00	0.00	0.03	0.00	0.00	0.00	0.00	0.00	0.00	0.01	0.00	0.00
Légumes, fruits, fruits à coque	0.00	0.00	-0.02	0.00	0.00	0.01	0.00	0.00	0.00	-0.05	0.00	0.00
Oléagineux	-0.01	0.00	1.35	0.00	-0.01	-0.10	-0.12	0.00	0.00	0.03	0.00	0.00
Canne à sucre, betterave sucrière	-0.02	0.00	0.06	0.00	0.00	0.01	0.00	-0.01	0.00	0.44	0.00	0.00
Fibres végétales	-0.07	0.00	-0.18	0.00	0.00	0.00	0.00	0.00	0.00	0.74	-0.04	0.00
Cultures nca	0.00	0.00	0.04	-0.01	-0.01	0.01	0.04	0.00	-0.02	0.49	-0.01	0.00
Bovins, ovins, caprins, chevaux	0.00	0.00	0.00	0.00	0.00	0.00	0.00	0.00	0.00	0.06	0.00	0.00
Produits d'origine animale nca	0.00	0.00	-0.20	0.00	0.00	0.00	0.00	0.00	0.00	-0.01	0.00	0.00
Lait cru	0.00	-0.01	-0.03	0.00	0.00	0.00	0.00	0.00	0.00	-0.23	0.00	0.00
Laine, cocons de ver à soie	-1.21	0.13	1.42	0.00	0.03	0.00	0.00	0.00	0.00	0.14	0.00	0.00
Viande bovine, ovine, caprine, chevaline	0.00	0.00	0.01	0.00	0.00	0.00	0.00	0.00	0.00	0.00	0.00	0.00
Produits à base de viande nca	0.00	0.00	-0.11	0.00	0.00	0.00	0.00	0.00	0.00	0.00	0.00	0.00
Matières grasses végétales	0.00	0.00	0.46	0.00	0.00	-0.27	-0.21	0.00	0.00	0.07	0.00	0.00
Produits laitiers	0.00	-0.01	-0.02	0.00	0.00	0.00	0.00	0.00	0.00	-0.01	0.00	0.00
Riz transformé	0.00	0.00	0.02	0.00	0.00	0.03	0.07	-0.02	-0.02	0.09	-0.01	0.00
Sucre	0.00	0.00	0.06	0.00	-0.01	0.01	0.00	-0.02	0.00	0.23	0.00	0.00
Produits alimentaires nca	0.00	0.00	0.01	0.00	0.00	0.00	0.00	0.00	0.00	0.04	0.00	0.00

Tableau 3.A2.5. Scénario3: Impacts d'un changement de politique sur la production (*suite*)

Part régionale dans la variation total en %

	Canada	États-Unis	Argentine	Brésil	Reste de l'Amérique Latine	Union européenne	Fédération de Russie	Afrique du Sud	Moyen-Orient et Afrique du Nord	Reste de l'Afrique subsaharienne	Reste du monde	Ensemble du monde
Riz paddy	0.00	0.00	0.00	0.00	0.00	0.00	0.01	0.00	0.00	0.00	0.00	0.21
Blé	0.00	0.03	0.00	0.01	0.00	0.00	-0.06	0.00	0.00	0.00	0.00	0.36
Céréales nca	0.00	0.00	0.00	0.00	0.00	-0.01	0.00	0.00	0.00	0.00	0.00	0.04
Légumes, fruits, fruits à coque	-0.01	0.01	0.00	0.00	0.00	-0.01	0.01	0.00	0.00	0.01	0.00	-0.05
Oléagineux	-0.04	-0.38	-0.02	-0.30	-0.03	-0.02	0.00	0.00	-0.01	-0.01	0.03	0.37
Canne à sucre, betterave sucrière	0.00	0.00	0.00	-0.11	-0.01	0.00	0.02	0.00	-0.01	-0.01	0.00	0.35
Fibres végétales	0.00	-0.10	0.00	0.00	0.00	0.00	0.00	0.00	-0.01	-0.03	-0.02	0.27
Cultures nca	0.00	0.01	0.00	0.01	-0.02	-0.08	0.00	0.00	-0.02	-0.03	0.00	0.39
Bovins, ovins, caprins, chevaux	0.00	0.00	0.00	0.00	-0.01	-0.02	0.01	0.00	0.00	0.00	0.00	0.04
Produits d'origine animale nca	0.00	0.00	0.00	0.00	0.00	-0.02	0.01	0.00	0.00	0.00	0.00	-0.21
Lait cru	0.00	0.01	0.00	0.00	0.00	-0.01	0.00	0.00	0.00	0.00	0.00	-0.28
Laine, cocons de ver à soie	0.00	0.00	-0.01	0.00	-0.02	-0.06	0.00	-0.05	0.00	0.00	-0.01	0.36
Viande bovine, ovine, caprine, chevaline	0.00	0.00	0.00	0.00	-0.01	-0.03	0.08	0.00	0.00	0.00	0.00	0.03
Produits à base de viande nca	-0.02	-0.01	0.00	0.01	0.00	-0.05	0.11	0.00	0.00	0.00	0.00	-0.08
Matières grasses végétales	-0.01	-0.03	0.06	-0.02	0.00	0.00	0.01	0.00	0.01	0.00	0.09	0.16
Produits laitiers	0.00	0.00	0.00	0.00	0.00	-0.03	0.02	0.00	0.00	0.00	0.00	-0.05
Riz transformé	0.00	0.00	0.00	0.00	0.00	0.00	0.01	0.00	0.00	0.00	0.00	0.18
Sucre	0.00	0.00	0.00	-0.09	-0.02	-0.02	0.07	0.00	-0.02	-0.01	0.01	0.17
Produits alimentaires nca	0.00	0.00	0.00	0.00	0.00	-0.02	0.00	0.00	0.00	0.00	0.00	0.03

Annexe 3.A3

Sensibilité des résultats aux élasticités des échanges

Le modèle METRO s'appuie sur diverses élasticités des échanges qui déterminent la réaction des différentes variables quantitatives aux variations de prix. Il s'agit d'élasticités des importations et des exportations dont chacune comporte deux niveaux. Selon le niveau d'élasticité, une variation de 1 % des prix à l'exportation a des effets quantitatifs de plus ou moins grande ampleur. Pour tester la sensibilité des résultats du modèle aux élasticités des échanges, on a d'abord fait varier ces dernières avant de comparer les résultats obtenus avec ceux produits par la configuration de base. Les graphiques 3.A3.1, 3.A3.2 et 3.A3.3 montrent quels sont les effets sur les résultats lorsque les élasticités sont supposées inférieures de 15 %, ou supérieures de 40 %, pour les importations comme pour les exportations. Les résultats se révèlent stables malgré les variations des élasticités des échanges. Conformément aux attentes, les élasticités plus élevées des échanges entraînent des effets quantitatifs de plus grande ampleur et les exportations comme les importations enregistrent une plus forte augmentation. Dans certaines régions, les effets sur la consommation totale (absorption) sont plus positifs en conséquence. Cependant, hormis les élasticités sensiblement plus élevées de 40 %, les augmentations s'avèrent modérées et ne sont relativement fortes qu'au Japon. Les élasticités plus faibles atténuent à l'inverse l'ajustement aux variations de prix : les effets quantitatifs sont plus modestes et aboutissent à des variations légèrement moins marquées.

Graphique 3.A3.1. Effets de l'élasticité des échanges sur l'absorption : élasticité inférieure de 15 %, élasticité de base et élasticité supérieure de 40 %

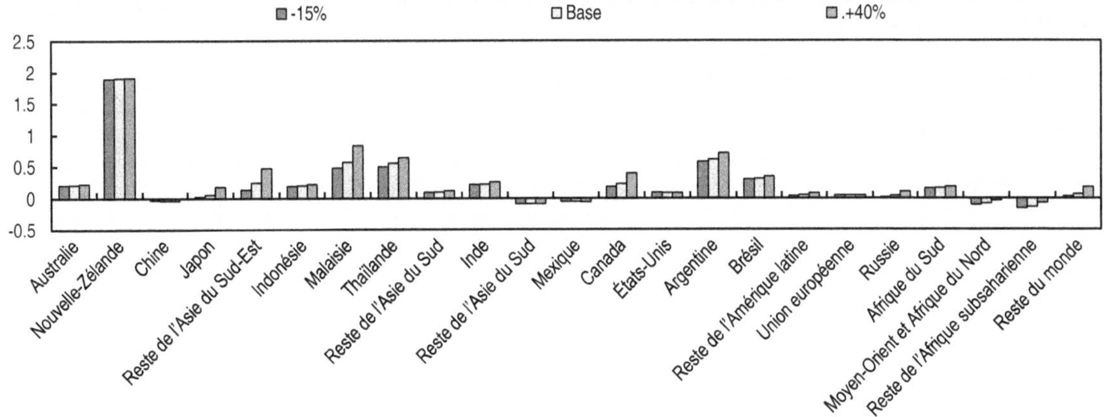

Graphique 3.A3.2. Effets des élasticités des échanges sur les importations : élasticité inférieure de 15 %, élasticité de base et élasticité supérieure de 40 %

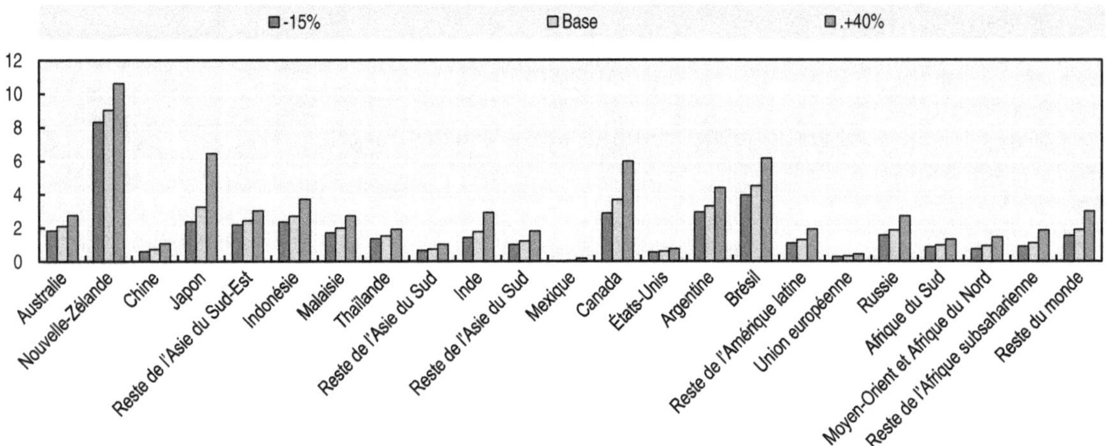

Graphique 3.A3.3. Effets des élasticités des échanges sur les exportations : élasticité inférieure de 15 %, élasticité de base et élasticité supérieure de 40 %

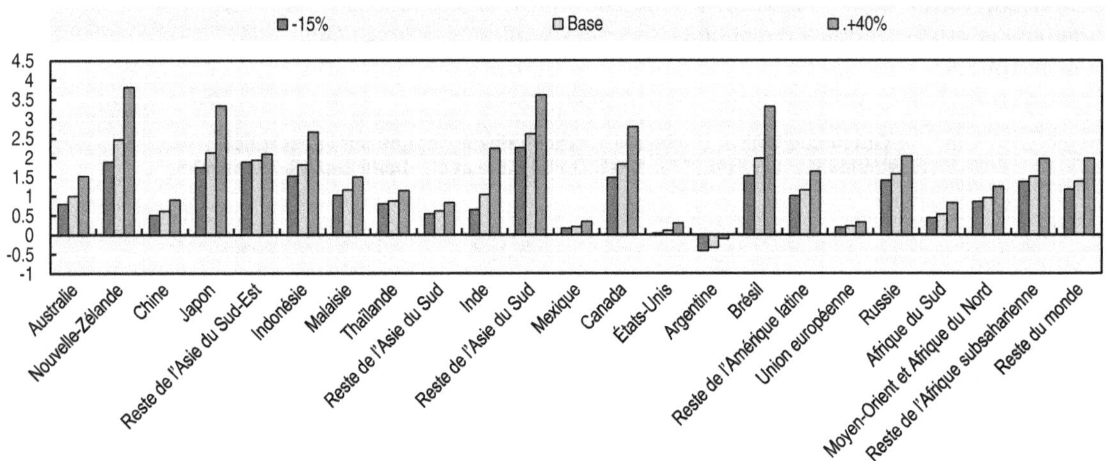

ORGANISATION DE COOPÉRATION ET DE DÉVELOPPEMENT ÉCONOMIQUES

L'OCDE est un forum unique en son genre où les gouvernements oeuvrent ensemble pour relever les défis économiques, sociaux et environnementaux que pose la mondialisation. L'OCDE est aussi à l'avant-garde des efforts entrepris pour comprendre les évolutions du monde actuel et les préoccupations qu'elles font naître. Elle aide les gouvernements à faire face à des situations nouvelles en examinant des thèmes tels que le gouvernement d'entreprise, l'économie de l'information et les défis posés par le vieillissement de la population. L'Organisation offre aux gouvernements un cadre leur permettant de comparer leurs expériences en matière de politiques, de chercher des réponses à des problèmes communs, d'identifier les bonnes pratiques et de travailler à la coordination des politiques nationales et internationales.

Les pays membres de l'OCDE sont : l'Allemagne, l'Australie, l'Autriche, la Belgique, le Canada, le Chili, la Corée, le Danemark, l'Espagne, l'Estonie, les États-Unis, la Finlande, la France, la Grèce, la Hongrie, l'Irlande, l'Islande, Israël, l'Italie, le Japon, la Lettonie, le Luxembourg, le Mexique, la Norvège, la Nouvelle-Zélande, les Pays-Bas, la Pologne, le Portugal, la République slovaque, la République tchèque, le Royaume-Uni, la Slovénie, la Suède, la Suisse et la Turquie. La Commission européenne participe aux travaux de l'OCDE.

Les Éditions OCDE assurent une large diffusion aux travaux de l'Organisation. Ces derniers comprennent les résultats de l'activité de collecte de statistiques, les travaux de recherche menés sur des questions économiques, sociales et environnementales, ainsi que les conventions, les principes directeurs et les modèles développés par les pays membres.

ÉDITIONS OCDE, 2, rue André-Pascal, 75775 PARIS CEDEX 16
(51 2016 03 2 P) ISBN 978-92-64-26715-2 – 2016

www.ingramcontent.com/pod-product-compliance
Lightning Source LLC
LaVergne TN
LVHW081417110826
845149LV00010B/1770

* 9 7 8 9 2 6 4 2 6 7 1 5 2 *